CARLOS PÉREZ finalizó en 1999 la carrera de Magisterio de Educación Física en la Universidad Autónoma de Barcelona (UAB), con mención al mejor expediente académico. A continuación inició la diplomatura de Fisioterapia, que obtuvo en 2002 por la Escuela de Fisioterapia Gimbernat (UAB) y cuyo nivel de Grado obtuvo a través de la Universidad de Salamanca (USAL). En 2003 se inició en la docencia en la Escuela Universitaria de Fisioterapia Garbí de la Universidad de Girona (UdG).

En 2006, tras realizar diversos cursos de formación en el ámbito de la Fisioterapia, inició el Máster en Psiconeuroinmunología Clínica (PNI) en la UdG, del que al mismo tiempo fue coordinador. Es entonces cuando nace Regenera *(www.regenera.cat)*, una empresa dedicada a la salud y a la docencia de la cual Pérez es codirector. Regenera es pionera en España en la Formación de la PNI Clínica y Evidencia Científica. Le avalan más de doce promociones y en 2016 ha inaugurado su Formación Online y su vinculación con Efhre International University (EIU). Desde 2016 se encuentra cursando el Máster en Biología Molecular y Biomedicina en la UdG y también participa como investigador colaborador en el proyecto: «Alimentación, microbiota y regulación de la inflamación» dirigido por el Grupo de Eumetabolismo y Nutrición del Instituto de Investigación Biomédica de Girona (IDIBGI).

Carlos Pérez es autor de *Paleovida* (Ediciones B, 2012) que va ya por su 7.ª edición, y del libro *Mis Recetas. Paleovida* (Ediciones B, 2016); y coautor del libro *Paleotraining* (Ediciones B, 2013).

Papel certificado por el Forest Stewardship Council®

Primera edición en B de Bolsillo: septiembre de 2018

Printed in Spain – Impreso en España

ISBN: 978-84-9070-678-7
Depósito legal: B-10.880-2018

Impreso en Liberdúplex,
Sant Llorenç d´Hortons (Barcelona)

BB 0 6 7 8 7

Penguin
Random House
Grupo Editorial

Paleovida

CARLOS PÉREZ

Índice

Se lo dedico a mis padres,
Isabel y Juan José con todo mi amor,
a mi gran hermano mayor, Juanjo... y a Elisenda.
Y a mis maravillosas sobrinas: Martina, Aina y Pau.

Para mis enormes abuelos Dolores, Rafaela y Jose.

Para Sergi, top.
Para mi amor Melania, gracias por tu paciencia
y por todo lo que me das día a día.
Sin ti nada sería igual. Te quiero.
Y gracias por darme y por compartir 100%
lo más maravilloso que me ha dado esta vida:
nuestro hijo NICO.

Agradecimientos

Quiero agradecer a mis socios y amigos David, Xavi, Néstor. Juntos hemos crecido como personas y como terapeutas. Regenera nos une. Así como a Airam y Paris, juntos somos We Paleo y esto no hay quien lo pare. Sin todos vosotros no sería el mismo. Gracias.

A mis amigos, con los que los años pasan y siguen ahí, infranqueables al tiempo. Raul, el gran chef, sin ti este libro no habría sido posible, tú lo sabes. Os quiero.

A todos mis pacientes por ofrecerme su confianza y formar parte de mi desarrollo como terapeuta.

Por todo ello, muchas gracias a todos.

Introducción

Recuerdo cuando de pequeño un día mi hermano se dio un golpe en la pierna y yo, con solo diez años, allí estaba, explicándole que no sería nada, que solo estaba un poco hinchada y en unos días mejoraría. Esa emoción de poder explicar el porqué de algo que está haciendo sufrir a una persona me viene acompañando desde que tengo uso de razón. Supongo que es por eso que, inconscientemente, acabé dedicándome a la salud.

Cuando estudié fisioterapia, recuerdo que unos buenos profesores nos enseñaban la interrelación de las partes de nuestro cuerpo. Algo que parece imposible pero que tiene toda su lógica: cómo un problema en el pie te puede producir un dolor de espalda o la inversa. A mí, todo este mundo me pareció fascinante, sobre todo porque abría un gran abanico de posibilidades para poder entender la aparición de dolencias sin un origen claro.

Con este afán por conocer cómo se interrelaciona el cuerpo, me formé en psiconeuroinmunología clínica, donde conocí a mis tres amigos y socios. Todos teníamos en común las ganas de saber más acerca de cómo funciona nuestro organismo. El cuerpo, como si de un reloj por engranajes se tratara, tiene interconectados varios sistemas como el psicológico, el neurológico, el endocrinológico, el inmunológico... Y cuando uno de ellos se altera, trastoca a todos los demás.

Por ejemplo, si nuestro aparato digestivo está inflamado, con gases, estreñido..., hará que estemos peor de energía, que nuestro nivel de concentración disminuya, que estemos más irritables, que seamos más sensibles a padecer dolor y que tengamos más facilidad para coger un resfriado.

Cuando uno de estos engranajes se bloquea aparecen inevitablemente este tipo de síntomas que no hacen otra cosa que indicar que algo no funciona bien. Apagar el síntoma con un fármaco no debe ser el camino habitual, sino reconstruir el engranaje para que vuelva a funcionar.

Conociendo todos estos sistemas y la interacción entre ellos, nos dimos cuenta de que es casi imposible mejorar cualquier cosa si uno antes no mejora su forma de comer. O dicho al revés, es casi imposible no padecer alguna dolencia si uno descuida lo que come. Habitualmente vienen a nuestra consulta personas que quieren bajar de peso con el objetivo de sentirse mejor, y nosotros les proponemos: ¿no sería más lógico sentirse mejor y a partir ahí que la pérdida de peso sea la consecuencia?

También te lo proponemos a TI. Sí, a ti. Sigue leyendo y verás.

CARLOS PÉREZ

«Si no comes bien y no te mueves,
es imposible ser feliz.»

1

Cambia de estilo de vida y cambiará tu filosofía

Esto no es solo un libro sobre una dieta para ayudarte a adelgazar. Qué va, eso es lo que hacen todos los libros de dietas y a nosotros se nos quedan muy cortos. No puedes adelgazar si no integras toda una filosofía de vida y unos hábitos en los que realmente puedes creer y sentirte a gusto. Y para creer en algo no basta con que te prometan un milagro, sino que tienes que comprobar en tus propias carnes que funciona, que es la tendencia natural y, por lo tanto, no tiene por qué ser algo temporal ni insostenible durante el resto de tus días.

Tú no eres solo un cuerpo, de eso te habrás dado cuenta. Tienes un cerebro que lo rige (de forma más o menos cuerda), unas emociones que vete a saber dónde anidan, pero ahí están, marcándote lo que hacer (quieras racionalmente o no), y un montón de mecanismos, células, órganos, neurotransmisores, neuronas, hormonas, etc., que, te guste o te disguste, influyen soberanamente en todo lo que sientes, eres y pareces.

Todo eso está interconectado de una manera que cada

vez se va entendiendo más científicamente, aunque todavía quedan muchos cables sueltos. Con este libro queremos mostrarte cuáles son estos avances, la experiencia clínica de haberlos aplicado en multitud de pacientes y las vivencias de haber recorrido este camino personalmente.

EL SÍNTOMA NOS RECUERDA QUE SOMOS LO QUE COMEMOS

Así, sencillito y aunque suene a clásico: somos lo que comemos y la idea de relacionar la comida única y exclusivamente a nuestro peso corporal y a la estética es un enorme error. Nuestra forma de comer, la cantidad de veces que comemos al día y el ejercicio que hagamos tienen un gran impacto en nuestro bienestar físico pero también mental. Dicho de otra forma, si no comes bien y no te mueves, es imposible ser feliz. No hay ni la menor opción, porque tu cuerpo sufre un proceso de «saturación», por decirlo de alguna forma, donde órganos vitales como hígado, intestino, páncreas y riñones no pueden trabajar en un ambiente favorable, es decir, viven en una situación inflamatoria y ahí nuestro cerebro sufre un estado de carencia de energía.

En definitiva, comer mal y no movernos no solo va a generar que estemos más gordos, sino que también tendrá una gran influencia en nuestro estado energético-mental: influye en nuestra energía matutina, en nuestro estado de ilusión, en nuestra irritabilidad y estado de ansiedad, en la calidad de sueño, así como en la aparición de una gran cantidad de dolencias musculares, articulares, del aparato digestivo, dolor de cabeza...

Sí, sí, aunque de entrada cueste creerlo te aseguramos que tu forma de comer tiene un impacto directo en todo este tipo de problemas tan habituales y tan presentes en nuestro día a día. Estos son solo algunos de todos los que te iremos citando a lo largo del libro.

Cuando en nuestro cuerpo aparece un síntoma como un dolor de cabeza, un dolor de regla, un eczema en la piel, gases, estreñimiento, acidez... nos está diciendo que algo no va bien. Estas señales deberían servir para cuestionarte hasta qué punto tus hábitos a la hora de comer y de moverte tienen un impacto en tu problema. No es casual, en serio. Te están haciendo toc toc en la cabeza. Con lo corta que es la vida, tú verás si te la quieres pasar yendo al doctor cada semana, si no es por la tensión, por el ácido úrico; si no, por el colesterol o por la hernia de hiato o por la espalda, «que la tengo fatal»... Y siempre con medicamentos, cuando no operaciones.

Apagar únicamente el síntoma con un medicamento no hará más que demorar la aparición de otro síntoma peor (por ejemplo, ir aliviando únicamente el dolor de cabeza con antiinflamatorios puede llevar a continuación a tener problemas de acidez estomacal y así sucesivamente) sin aportar una solución real. Y es que parece de sentido común que ninguna solución puede ser definitiva si al arreglar algo estropeamos lo otro. Cualquier proceso de mejora y/o curación de cualquier síntoma pasará forzosamente por cuidar nuestra forma de comer, la cual nos ofrecerá los nutrientes necesarios para ayudar a nuestro cuerpo a recuperarse por sí mismo.

Por lo tanto, con la paleodieta podrás comprobar que nuestra forma de comer no solo sirve para no estar gordos, sino también para sentirnos bien, con energía, ser más felices y, en definitiva, vivir mejor.

De todos modos, plantearte un cambio nutritivo no debería pasar por hacer un cambio radical durante unas semanas o meses y después abandonarlo. Se trataría más bien de entender cuál es la forma de comer y qué nutrientes son los más favorables para nuestro cuerpo, cuáles son los que te van a hacer sentir mejor, con buenas digestiones, sin gases, pudiendo ir bien de vientre, etc.

Es decir, se trata de entender, conocer, generar una cultura entorno a lo que comemos y dejar que la fisiología haga el resto. Comprender aquello que le sienta bien a tu cuerpo te permitirá anticipar todos esos síntomas que antes aparecían de la nada y, con conocimiento de causa, serás tú quien decida si tenerlos o no. Así, después de un festín culinario, si no te encuentras bien, sabrás a qué se debe, habrás disfrutado de ello sin sentirte culpable y conocerás las soluciones prácticas para contrarrestarlo.

Hasta ahora hemos oído hablar de infinidad de dietas en la tele, en las revistas, del régimen milagroso de la vecina, del detox en una semana; la mayoría de ellas con el objetivo único de perder peso. Eso debe cambiar de una vez por todas. La gente debe conocer que hoy en día ya existen muchos avances científicos en el terreno de la nutrición y que no puede conformarse con cualquier cosa, porque toda intervención nutricional tiene que ser efectiva, adecuada para la salud y duradera. Por eso te queremos explicar claramente cuáles son los nutrientes que son imprescindibles para cualquier ser humano y cuáles no necesitamos para nada.

En cuanto a nutrición, no hay un término medio: no hay gris, blanco o negro; hay nutrientes que inflaman y nutrientes que desinflaman, comprobado científicamente. Y la inflamación va mucho más allá de estar obesos o no; tiene que ver con la salud. Por eso solo serás libre realmente cuando tengas toda la información relevante para elegir cómo quieres alimentarte y dirigir tu vida.

EL CIRCUITO DE LA RECOMPENSA

Hay dos leyes que gobiernan a la especie humana por encima de todas: la supervivencia de uno mismo y la supervivencia de la especie. Para garantizar que en todo momento estamos dispuestos a procurar ambas supervivencias, nuestro cerebro está dotado con un circuito de recompensa.

Este es un circuito neurológico que está presente en nuestro cerebro, el cual mediante la producción de hormonas, como las endorfinas (hormona de placer), se va a encargar de ofrecernos recompensas ante aquellas conductas encaminadas a seguir vivos y perpetuarnos. Lógicamente, nuestro cuerpo se asegura que tanto el acto de comer como el de beber se conviertan en un acto que nos genera placer, para asegurarnos la supervivencia del individuo.

El movernos también nos va a ofrecer esa recompensa ya que su sentido evolutivo es justamente buscar esas fuentes de energía, luchar o escapar del peligro. Lo que ocurre es que, como decíamos anteriormente, ante tal abundancia ese sentido del movimiento se perdió. No obstante, todos aquellos que hayan practicado ejercicio alguna vez reconocerán esa sensación de placer que se obtiene durante o después de haber llevado a cabo un esfuerzo físico. Es un alivio.

Por supuesto, luego está la recompensa básica para la supervivencia de la especie, que nos viene muy bien a todos: el sexo. Para garantizar la reproducción, el cerebro te regala el orgasmo, y te genera endorfinas como una fábrica china para que te guste tanto practicarlo que te dé igual el momento del ciclo menstrual y todo lo demás. Para que lo intentes, por si cuela y, así, aumenta la población. En esta cuarta recompensa también estaría todo aquello que tiene que ver con el contacto físico, como el que se establece entre una madre y su bebé (por cierto, clave para el desarrollo del bebé), así como todo lo que tiene que ver con abrazos y contacto piel contra piel entre dos personas.

Estas cuatro recompensas naturales (comer, beber, movimiento y contacto físico) son las responsables de generarnos, mediante las endorfinas, una óptima sensación de bienestar. Ahora bien, que esto funcione dependerá de nuestra forma de comer, de beber, de movernos y de cómo concibamos el sexo.

Comer, comer

La nutrición es algo que como todos sabemos es capaz de ofrecernos una recompensa maravillosa, pero ello va a depender en gran medida de los nutrientes y de las veces que comamos al día. ¿No habéis tenido nunca esa sensación de sentaros a comer sin hambre? Lo que se denomina comer por comer. Pues esto implica que tu circuito no ofrezca ningún tipo de recompensa al respecto. O al revés, sentir la necesidad imperiosa de comer algo porque parece que si no lo haces, te vas a morir. Y además suele ser algo dulce, algo para calmar la ansiedad.

Ya podemos anticipar que el azúcar también es una recompensa, claro, pero una recompensa NO natural; y las recompensas NO naturales lo que generan es que te enganches a ellas, es decir, que son adictivas porque te dan un subidón increíble, y eso a todo el mundo le gusta, pero después de la subida viene la bajada. Y las recompensas NO naturales se caracterizan por eso, porque o bien te hacen estar arriba, o bien te hacen estar abajo, pero no te dan un equilibrio energético ni emocional como lo hacen las naturales. Por tanto, uno de los objetivos del libro será enseñar cómo poder recuperar la recompensa natural a través de la conducta de comer.

Beber, beber

Ingerir líquido se convierte en nuestra segunda recompensa. Pero de nuevo no se trata de cualquier líquido. Haz la prueba: si te fueras tres días a caminar en el desierto y después te ofrecieran agua y un refresco de cola, ¿qué escogerías? Pues eso: beberías agua y con sed. Esto nos generaría una recompensa natural. Pero resulta que muy habitualmente nos ha desaparecido esa sensación de sed y además la mayor parte del líquido que ingerimos a lo largo del día es en forma de café, refrescos, leche, zumos artificiales...

A esto se le denomina adaptar la sed, es decir, el cuerpo deja de tener sed porque está saturado de sustitutivos de mala calidad o porque sencillamente la perdió. Te enseñaremos cómo recuperarla.

¿Moverse?

Cada vez que comemos nuestro cuerpo se percata de que es hora de recargar energía (la insulina, por ejemplo, es una de las hormonas que da esta señal). En ese momento, nuestro organismo está gobernado por el sistema nervioso parasimpático, que es aquel que se encarga de hacer la digestión y de modular nuestro sueño. ¿Verdad que, después de una buena comida, lo que apetece es una siesta? Una vez has comido, el movimiento pierde sentido fisiológico. Es que no puedes. Por eso la recompensa natural del acto de moverse se obtiene con la barriga vacía.

El sexo y el contacto físico con los seres queridos

El abrazo y la actividad sexual son la cuarta recompensa vital. El gran problema es que a la libido la hemos matado por la mala alimentación, por el sobrepeso que nos acompleja, por la inactividad que cada vez nos resta más agilidad, por el miedo al rechazo y a no gustar y a no cumplir... Así que la recompensa de un buen orgasmo con abrazos y besos desaparece o se espacia tanto que perdemos la costumbre.

Si no comemos lo que toca, si no bebemos agua con sed, si no tenemos ganas de movernos y además no tenemos libido, tu circuito de la recompensa deja de funcionar favorablemente y eso implicará la búsqueda de recompensas NO naturales, las cuales ofrecen un pico de endorfinas mayor pero, por desgracia, se adaptan rápidamente y necesitas cada vez más para obtener la misma sensación de placer. Esto se manifestará en una dependencia de recompensas como el azúcar, el alcohol, las drogas, las compras compulsivas, los juegos, el cibersexo sin mediar contacto u otras adicciones varias para llenar nuestras carencias.

EN BUSCA DE RECOMPENSAS ARTIFICIALES

Si no tienes cubierta ninguna de las cuatro recompensas que tu cuerpo necesita, el equilibrio mental se volatiliza. Resistirse al bucle es complicado pero posible.

La recompensa NO natural es, en realidad, una tortura. Cuando eres consciente de cómo te sientan y te engordan determinados productos artificiales, te sientes mal antes de comerlos, porque sabes que no debes; mientras te los estás comiendo, porque no has conseguido resistirte y no puedes parar; y, para colmo, después porque te sientes infladísimo y culpable por tus debilidades... Igual que el que fuma o toma drogas, que quiere dejarlo pero recibe semejante pico de serotonina, endorfinas, dopamina, etc. que se engancha cada vez más.

Cuantas más recompensas naturales seamos capaces de recuperar, menos recompensas artificiales te pedirá el organismo y menos padecerás por caer en la tentación.

Ahora bien, si se trata de una situación emocional compleja, lo mejor es aceptar que has recurrido a esas recompensas artificiales para sobrevivir porque necesitabas una pizca de felicidad. No pasa nada, es natural, pecar nos hace libres. Pero, a partir de ahí, en cuanto sientas un poco de energía para realizar algún cambio, trata de recuperar la senda de las recompensas naturales ya que te ofrecerán mayor tranquilidad.

Recuerdo una paciente que cuando llegó el primer día a la consulta me planteó que quería mejorar su aparato digestivo y perder peso. Le expuse los cambios a realizar y después de tres semanas no había hecho nada. Al buscar los motivos, me explicó que aunque estaba separada de su pareja hacía ya dos años, tenía que verlo cada día ya que trabajaban juntos. Ella todavía sentía un vínculo emocional fuerte hacia él y le suponía un sufrimiento diario.

Nuestro cerebro no distingue la diferencia entre el peligro que supone que te siga un león o que sufras por algún aspecto biopsicosocial, sencillamente, se percata del peligro. Ante una situación así, nuestro cuerpo activa el sistema de estrés modulado por hormonas como la adrenalina y el cortisol para que respondas escapándote o luchando, conocido también como una respuesta de flight-fight reaction.

Por ende, ante una situación de estrés, se debería generar una reacción de escape o lucha, y generar una solución. Esto es lo que nuestro cuerpo entiende: algo intenso, agudo y de corta duración. Pero si el estrés se mantiene en el tiempo y la solución no llega, aparecerá el síntoma que nos indica que algo no va bien, la ansiedad. Y esto supondrá menor número de endorfinas, necesidad de incorporar recompensas no naturales para compensar y carencia de energía para poder hacer cambios. Si esta es tu situación, no pretendas generar cambios rápidamente ya que incrementarán tu nivel de estrés y se girarán en tu contra.

Cuando vimos con mi paciente que el principio para iniciar el cambio consistía en buscar estrategias para gestionar sus emociones frente a su ex-marido, la energía incrementó y las mejorías fueron llegando progresivamente.

Por lo que a ti respecta, si estuviste un tiempo adicto a un recompensa artificial, ten en cuenta que puede permanecer su senda neurológica, esto es: Aquella relación que tu cerebro crea al aprender que comiendo, por ejemplo, azúcar en forma de golosinas, chocolate o bollería, obtiene una recompensa.

Cuando has recorrido esa senda mil veces, es tan gruesa que tiendes a recaer en ella en cuanto surge una situación de estrés. El típico testimonio que seguro que suena a muchas personas: «Lo llevaba muy bien pero me he peleado con mi pareja y he vuelto a recurrir al atracón.» Esos son los momentos de peligro, en los que corres el riesgo de boicotear tu propia dieta, de sucumbir a esa tentación irresistible.

¿IRRESISTIBLE? IRRESISTIBLE NO HAY NADA... NI NADIE

Ante un hábito adquirido tan negativo como la compulsión a la comida, lo que tenemos que hacer es impulsar a crear una nueva senda y animarte a ir haciéndola más gruesa poco a poco. Ten en cuenta que el límite de un placer es siempre un placer mayor. Si caes de vez en cuando en la senda vieja del hábito adictivo, no pasa nada, porque es muy gorda y te atrae como un agujero negro. Simplemente, no tires la toalla dándote por vencido y vuelve, cuando puedas, a retomar el nuevo camino saludable.

Dicho de otro modo: tu subconsciente tiende a ponerse morado en cuanto te preocupa algo, y tú, que sabes que eso no puede ser bueno, que te hace daño, decides cambiarlo racionalmente, lo cual te genera un conflicto con tu parte emocional, que sigue ahí empeñada en calmarse comiendo, como siempre.

Para cambiar esto, a nivel terapéutico, debemos entrar emocionalmente en el subconsciente, no en el plano cognitivo con un sermón racional, sino apelando a tus emociones, proponiendo herramientas, soluciones y recompensas naturales, pero permitiéndote recaídas sin machacarte. A eso se le llama fracasar con éxito porque si no te lo permites, caes en la ley del todo o nada: «hago todo perfecto hasta que lo dejo de hacer, o cuando lo hago mal, me autoflagelo.» No es necesario, encima de que te has inflado comiendo azúcares, no te martirices.

Tan solo has de aceptar que has tenido la necesidad imperiosa de sucumbir a la tentación, pero no pasa nada, vamos a regresar lo antes posible al buen camino, el sano. Esta solución es tiempo-dependiente, cuanto más tiempo pasa, más conocido se hace el nuevo camino y, a lo mejor, un día dejas de comerte la tableta de chocolate entera aunque hayas pasado un día horroroso.

Desde aquí te invitamos a entrar en una senda nueva, pero no es un túnel tiene salidas y vías de emergencia, lo más importante es que siempre regreses a ella, porque si el 90% del tiempo la sigues, no caerás en el típico «de perdidos al río» que se dice siempre cuando te has saltado la dieta y acabas comiendo todo lo que te habías prohibido en las dos semanas anteriores.

SAL DEL BUCLE INFERNAL

Si ya estás mal y no cambias nada, si sigues prefiriendo quedarte tirado en el sofá comiendo productos fabricados con vete tú a saber qué porquerías, vas a seguir girando en ese bucle infernal que te induce ineludiblemente a una pérdida de autoestima, porque físicamente no te encuentras atractivo, psicológicamente estás bajo de moral por esa falta de recompensas, emocionalmente tienes miedos y pocas fuerzas para afrontarlos...

De ahí a múltiples problemas psicológicos, empezando por la depresión, la falta de iniciativa, de ganas de hacer cosas, pasando por otras muchas dolencias y enfermedades físicas y terminando por los trastornos sexuales, muchos de los cuales suelen estar causados por la falta de autoestima, como la eyaculación precoz, la incapacidad para tener orgasmos, etc.

Si estás buscando la felicidad, nos emociona compartir contigo la certeza de que ese estado deviene con este estilo de vida que te estamos proponiendo. Es más, te vamos a dar las herramientas para conseguirlo. Tú sencillamente confía en que, aunque tengas escasa energía ahora, poco a poco vas a ir acaparando más fuerzas y más recompensas naturales, los cambios van a ser rápidos y serán la base para todo lo demás. Este es solo el comienzo de una vida mejor. La tuya.

TRES MENÚS
PARA MEJORAR TU ESTADO
DE ÁNIMO

Cualquier receta de las que os presentamos van a mejorar nuestro estado energético, pero en estas encontramos una serie de nutrientes especialmente indicados para mejorar el sistema nervioso: jengibre, salvia, melisa, valeriana, cacao, miel y plátano. Si te encuentras bajo de moral, aprovecha sus propiedades.

- Infusión de jengibre matutina.

PRIMER MENÚ

Crema de champiñones con salvia
y huevo poché

Ingredientes para dos personas:

400 g de champiñones
4 cebollas
1 puerro
1 apio
2 zanahorias
2 dientes de ajo
Tomillo
Salvia
2 huevos ecológicos
Flor de sal
Pimienta
Aceite de oliva
Agua
Vinagre de vino blanco

Preparación:

Preparar un caldo simple de verduras con una cebolla, el verde del puerro, el apio, la zanahoria, unas 8 hojas de salvia. Todo cortado por la mitad y dos litros de agua. Poner a fuego fuerte en una olla y al primer síntoma de ebullición bajar el fuego y dejar que cueza tranquilamente unos 30-35 minutos aproximadamente. Una vez tenemos el caldo, colar y reservar.

En otra olla, pochar (en el capítulo 6 explicamos la técnica de pochar) la cebolla con los ajos y el blanco del puerro. Cuando esté el pochado casi terminado, añadir los champiñones cortados en cuartos con un poco de tomillo picado. Dejar 2-3 minutos encima del pochado con la olla tapada y moviéndolos de vez en cuando. Rociar el caldo de verdura que tenemos apartado y dejamos cocer unos 20 minutos más a fuego medio-bajo. Rectificar de sal y triturar.

En una ollita pequeña poner la cantidad de agua suficiente para que cuando echemos el huevo quede flotando y no toque abajo. Le hechas dos cucharadas de vinagre y un poco de sal. Cuando empiece a hervir, sacas el huevo de la cáscara y lo hechas en el agua, durante dos segundos le bajas el fuego y lo subes rápidamente. Verás cómo la clara envuelve la yema, si no es así es que no hay suficiente vinagre con la cantidad de agua que has puesto. Lo dejamos 50-60 segundos aproximadamente y lo sacamos con cuidado, ya que está poco hecho y se podría romper.

Emplatamos la crema en un plato sopero con el huevo encima, sal, pimienta y un buen chorro de aceite de oliva virgen.

Tiras de ternera ecológica y wok de verduras con jengibre

Ingredientes para dos personas:

400 g de ternera ecológica
3 cebollas
4 dientes de ajo
1 zanahoria
1 calabacín
200 g de brócoli cogollo
1 pimiento rojo
Cúrcuma
Un trozo de jengibre fresco
Flor de sal
Aceite de oliva

Preparación:

Pochar la cebolla y el ajo, una vez pochado, añadir toda la otra verdura cortada en tiritas, agregar una cucharadita de cúrcuma y el jengibre fresco rallado esparciéndolo por toda la verdura. Mientras, en otra sartén caliente, pondremos la ternera que previamente habremos cortado en tiras y untado con cúrcuma en un cuenco con el ajo en láminas. La hacemos vuelta y vuelta y la juntamos en la sartén de la verdura. Un par de vueltas más y ya tenemos nuestro wok listo cara comer.

Tarta de Santiago

Ingredientes para seis personas:

250 g de almendra cruda
70 g de miel ecológica
La piel de un limón
4 huevos ecológicos
Aceite de oliva
Chocolate ecológico 80% cacao

Preparación:

Precalentar el horno a 180 °C. Triturar las almendras y reservar. Batir la piel del limón, miel y huevos e incorporar almendras trituradas y remover. Poner papel vegetal en la bandeja del horno. Verter la masa en el molde y al horno durante15-20 minutos. Sacar del horno y rallar chocolate por encima.

SEGUNDO MENÚ

Ensalada con cogollos, algas, salmón marinado y mango

Ingredientes para dos personas:

3 cogollos de lechuga
Algas wakame
500 g de suprema de salmón
2 mangos
Cebolla tierna
Sal gruesa marina
Aceite de oliva
Zumo de limón
Vinagre de manzana
Eneldo fresco
Curry en polvo

Preparación:

Hay que pedir al pescadero suprema de salmón (un costado); si puede ser, que no sea de la parte de la cola ya que quedaría muy seco. Dile que es para marinar, así le quitará las espinas. De todos modos repásalo en casa por si queda alguna. Una vez tenemos el salmón limpio y sin espinas, lo ponemos en una bandeja honda con la piel hacia abajo y espolvoreado de eneldo fresco picado, lo cubrimos con la sal gruesa que previamente habremos mezclado con una cucharita de polvo de curry. Lo dejaremos en la nevera unas 6 horas para que no esté muy seco (tampoco se conservará tantos días como si lo dejásemos 12 horas) tapado con un paño. Una vez pasadas las 6 horas, le quitamos toda la sal, lo lavamos y lo secamos con papel absorbente. Cortamos unos cubitos o lonchas, como más te guste.

Si tienes algas secas, hay que ponerlas a hidratar en agua unos 15 minutos. Limpiar y cortar los cogollos de lechuga, ponerlos en una fuente o plato, junto con los mangos cortados en daditos, el salmón, el alga y la vinagreta (que habremos preparado con el vinagre de manzana y el aceite de oliva, una medida de vinagre por tres de aceite de oliva y unas gotas de limón).

Tortilla de huevo campero con setas y salvia

Ingredientes para dos personas:

6 huevos camperos
2 cebollas
2 ajos
500 g de setas (según mercado y temporada)
Tomillo
Salvia
Flor de sal
Pimienta
Aceite de oliva

Preparación:

Pochamos la cebolla con el ajo y espolvoreamos unas hojas de salvia picada. Limpiamos las setas con la ayuda de un papel mojado o un pincel, cortamos a octavos y añadimos la cebolla con unas ramas de tomillo picado y dejamos cinco minutos más.

En un cuenco, batimos los huevos, salpimentamos y le añadimos lo pochado. Calentamos una sartén y después la engrasamos con un papel mojado en aceite para evitar el exceso. Tirar con cuidado la mezcla en la sartén, esperar unos minutos entre lado y lado para que se cuaje el huevo y así poder darle la vuelta.

Bol de fruta con cacao y melisa

Ingredientes para dos personas:

1 manzana
1 pera
1 plátano
1 melocotón
200 g de cobertura de chocolate 70% cacao
Agua
Melisa
Valeriana

Preparación:

Cortar y preparar la fruta en un plato. Infusionar un pequeño manojo de melisa y valerina en agua mineral (50 cl) y, una vez hierva, verter al chocolate para que este se derrita; lo puedes ayudar con un batidor o una espátula para que coja el calor mas rápido. Ahora solo queda verter el chocolate encima de la fruta y a comer.

TERCER MENÚ

Sopa de melón

Ingredientes para dos personas:

1 melón maduro
Jamón ibérico
Aceite de oliva virgen
Hierbabuena
Sal gorda

Preparación:

Limpiar bien el melón de pipas y piel y meter en la batidora con una pizca de sal. Pasar por un pasapuré para quitar alguna hebra que se haya quedado. Meter en la nevera. Colocamos algunas lonchas de jamón ibérico en el horno a deshidratar a unos 120 ºC hasta que estén duras. Cuidado que no se quemen. Ponemos en el mortero la hierbabuena troceada y un buen chorro de aceite de oliva y trituramos. Reservar. Para emplatar, servimos la sopa de melón, le ponemos unas virutas de jamón ibérico deshidratado en el centro, unas hojitas de hierbabuena en una esquina y un chorro de aceite de oliva con la hierbabuena decorando.

Tataki de atún con algas y escalivada de verduras

Ingredientes para dos personas:

400 g de lomo de atún
Alga nori seca
2 cebollas
1 berenjena
2 pimientos rojos
2 pimientos verdes gordos
Flor de sal
Pimienta
Aceite de oliva

Preparación:

Lo mejor para hacer verdura escalivada son las brasas de la parrilla, pero si no las tenemos usaremos el horno a 180 °C precalentado; pondremos la verdura totalmente entera y sin pelar. Se trata de que se tueste por fuera y se confite por dentro. Los pimientos los meteremos enteros tal cual y a las berenjenas les haremos unos pinchazos con una puntilla. Una vez todo hecho en el horno durante una hora, ya podremos sacar los pimientos y la berenjena. En cambio, la cebolla necesitará de media a una hora más. Cuando ya esté la cebolla, le quitamos las capas de fuera, también a la berenjena y pelamos el pimiento. Salpimentamos y rociamos aceite de oliva en abundancia.

Calentamos una sartén y marcamos unos tacos rectangulares que habremos hecho con el atún, los dejaremos cinco segundos por cada costado y rápidamente los sacamos y los cortamos, tiramos unas gotitas de aceite de oliva crudo por encima y los cortamos en rodajas finas de un centímetro. Cortamos el alga en juliana para ponerla por encima del atún.

En un plato ponemos la escalivada de verduras cortada en juliana y encima colocamos el atún terminando con un chorro de aceite de oliva.

Pastel de plátano con queso fresco

Ingredientes para dos personas:

3 plátanos
200 g de queso fresco de cabra o de oveja
50 g de almendra cruda picada
Cucharada de miel ecológica

Preparación:

Mezclar con las manos los tres plátanos con el queso desmenuzándolo todo. Añadir una cucharada sopera de miel, remover y moldear en una bandeja de horno sobre papel vegetal. Echarle por encima la almendra picada. Precalentar el horno a 250 ºC y después meter la bandeja a 180 ºC durante 10 minutos. No pasarnos con la cocción ya que la almendra puede amargar.

«To restore your health, we have
to go back to the future.»

2

Un paseo por la evolución:
¿nos reconciliamos con nuestros genes?

Nuestra supervivencia como especie está, como hemos visto en el capítulo anterior, en gran parte modulada por el circuito de la recompensa. Nos premiará para asegurarse de que nos movemos para buscar sustento, en el momento en que comemos, bebemos o procreamos.

Este circuito lleva con nosotros toda la evolución y si nuestro objetivo va a ser recuperarlo será necesario entender en qué contexto se desarrolló.

¿Por qué unos nutrientes son mejores que otros? ¿Con qué frecuencia tenemos que comer? ¿Es mejor hacer el ejercicio antes o después de comer?

Las respuestas para entender qué es aquello que nos premiará de forma natural y que, por tanto, nos dará un mayor equilibrio, las encontraremos dando un breve viaje por la evolución.

Érase una vez hace cuatro millones de años alrededor del lago Turkana, en Etiopía, habitaba el *Australopithecus*.

Vivía en un ambiente muy cálido y desértico donde apenas crecían hierbas ni plantas. Su principal sustento fue todo aquello que podía obtener del lago como pescados, crustáceos y moluscos. De hecho todos los yacimientos que encontramos de *Australopithecus* en África están alrededor de los lagos.

Durante 2 millones de años que es lo que duró aproximadamente esta especie hasta la llegada de los primeros homos, ingirieron estos alimentos con altas cantidades de DHA (ácido docosahexaenoico —grasa omega 3—), AA (ácido araquidónico —grasa omega 6—), yodo, selenio y zinc.

Pues bien, estas sustancias que estuvieron durante tanto tiempo con nosotros, hoy en día juegan un papel crucial en nuestro estado de salud.

Se plantea la hipótesis de que, gracias a este tipo de alimentos, nuestro cerebro empezó a desarrollarse y nuestros fémures comenzaron a crecer. Fue entonces cuando, por primera vez, el homínido se erigió como bípedo y sus manos quedaron libres para empezar a usarlas, gran paso en nuestra evolución.

Pero no fue hasta hace dos millones de años, con la llegada del *Homo Habilis*, que aprendimos a usar la piedra como herramienta. Gracias a ella pudimos empezar a comer los restos que dejaban los depredadores rompiendo los cráneos y los huesos de sus presas, y acceder así a la grasa del cerebro y del tuétano. Nos convertimos en carroñeros.

La introducción de estos alimentos ricos en grasa permitieron desarrollar su cerebro y paralelamente su inteligencia empezó a crecer, al mismo tiempo que su intestino se hacía más pequeño.

La Hipótesis del tejido caro

Esto que acabamos de explicar se conoce con el nombre de la Hipótesis del tejido caro, concepto desarrollado en 1995 por los investigadores Leslie Aiello y Peter Wheele, y considerado en el terreno de la antropología como un momento clave para la especie humana. Es el inicio de la inteligencia humana.

La diferencia con el chimpancé, con el que compartimos ancestro común, el *Austrolopithecus*, es que el chimpancé se caracteriza por una enorme barriga, no porque esté gordo sino porque tiene un intestino grueso muy largo, precisamente para poder digerir raíces muy fibrosas, alimentos imposibles de digerir por nuestro intestino.

Gracias a este cambio nutritivo, pudimos destinar menos energía a digerir los alimentos, redujimos el tamaño de nuestro aparato digestivo y destinamos ese superávit al crecimiento de nuestro cerebro.

Este crecimiento de nuestro órgano más característico tuvo consecuencias definitivas para nuestra especie ya que nos capacitó para idear estrategias creativas con el fin de superar las dificultades, para construir herramientas, para aprender a cazar en grupo, para abrigarnos con pieles y, en definitiva, para convertirnos en lo que somos: una especie que nunca será la más adaptada a su medio pero que siempre es la más adaptable, pues somos capaces de encontrar soluciones tanto para vivir en el caluroso desierto del Sahara como en el inhóspito Polo Norte.

Cazadores recolectores durante todo el Paleolítico

La época que va desde hace dos millones de años hasta hace 10.000 años es conocida como la era Paleolítica. Nos convertimos en cazadores-recolectores introduciendo en nuestra nutrición además de los crustáceos, los moluscos, las frutas y las raíces; las proteínas y las grasas animales de la carne y el pescado.

Para que se entienda el alcance temporal de lo que estamos planteando: durante ese período hemos vivido el 95% del tiempo que llevamos existiendo como especie. Imagina si será importante conocer, por tanto, cuál fue nuestro estilo de vida en todo ese tiempo. Es la única forma de reconciliarnos con nuestros genes y entender cómo generar equilibrio en nuestro circuito de la recompensa.

Tan solo 10.000 años desde el Neolítico

Hace tan solo 10.000 años apareció en la región de Mesopotamia la agricultura y la ganadería, lo que dio paso a la siguiente era, conocida como Neolítica. Tan solo es a partir de esa fecha cuando la especie humana va a empezar a usar la agricultura para abastecerse de comida, y es aquí donde por primera vez durante toda la evolución el ser humano empieza a comer cereales, harinas y lácteos. Esta nueva tendencia alimenticia llega a nuestro territorio hace menos todavía, entre 3.000 y 4.000 años.

Eso explica por qué el trigo y los lácteos son los alimentos que generan una mayor reacción adversa entre la población.

La Revolución industrial nos mató

Si estos eran nuevos, imagínate cómo le sientan a nuestro cuerpo los productos que aparecen a partir de la Revolución industrial, hace solo 200 años. Léase los azúcares, la bollería, los aceites vegetales y las grasas trans. Para que te hagas una idea: mientras que con los nutrientes del Paleolítico hemos estado en contacto durante 76.000 generaciones, con los cereales solo llevamos 300 generaciones; con los lácteos, 200, y con los azúcares refinados únicamente siete miserables generaciones digiriéndolos. Diez mil años son para la historia de nuestra especie como una gota de agua para el Mediterráneo.

¿CÓMO VIVÍAMOS SIENDO CAZADORES-RECOLECTORES?

Hablemos en primer lugar sobre lo que sería comer y beber tal y como nos lo pide nuestra genética. Se trata principalmente de dar protagonismo a aquello de lo que disponíamos en el momento en el que surgimos como especie, y esto es básicamente: fruta, verdura, tubérculos, frutos secos, carne, pescado, huevos y frutos del mar (crustáceos, moluscos). Con estos alimentos nos aseguramos el aporte de los nutrientes necesarios, unas buenas digestiones, una producción energética adecuada, un cuerpo musculado y un cerebro contento de lo que ha recibido.

En los sucesivos capítulos profundizaremos en los efectos concretos que nos aporta este tipo de alimentación que, al reproducir los nutrientes existentes en el Paleolítico, se suele conocer con el nombre de Paleodieta o Nutrición Evolutiva.

¿Y beber? Beber eso sí que lo sabemos: bebíamos, debemos beber y seguiremos dependiendo siempre del agua.

EL MOVIMIENTO, GRAN PILAR PARA NUESTRA SALUD

Aún nos queda conocer cómo y cuándo nos movíamos y por qué eso es tan importante para nuestra salud.

Nos movíamos por necesidad. Debemos tener en cuenta que nuestros ancestros del Paleolítico necesitaban correr a diario para huir o cazar. De hecho, numerosos estudios nos muestran la existencia de antiguas poblaciones de *Homo sapiens* en África que realizaban grandes alardes de resistencia y de fuerza. Algunas poblaciones recorrían entre 12 y 13 km diarios caminando y dos o tres más de *sprints* para los momentos de caza. Luego, por supuesto, había que cargar la presa hasta el poblado. Otros grupos recorrían alrededor de unos 100 km para llegar a zonas de caza, apresar las piezas y volver a sus poblados en apenas veinticuatro horas cargando con las presas obtenidas. En la mayoría de los casos, la vida consistía en caminar durante infinitas horas, correr a grandes velocidades, luchar, trepar, cargar, arrastrar grandes pesos y todo ello sin olvidar el recolectar raíces y frutos, pescar o construir chozas y muros de fuerza levantando troncos y piedras pesadas.

Aquí radica la explicación del «antes reventar que sobre»

Sin embargo, y a pesar de todos los esfuerzos, el éxito a la hora de obtener alimentos no estaba asegurado y podían pasar largos períodos sin ingerir ningún tipo de nutriente. Y aquí nos encontramos de nuevo con un hecho en el que hay que detenerse porque ha supuesto un condicionante sumamente importante en nuestra fisiología y en nuestro comportamiento.

La conciencia de la dualidad abundancia-carencia hizo que al encontrar alimentos comiéramos todo lo que podíamos para luego permanecer en reposo el máximo tiempo posible, ya que era imprescindible conservar la energía hasta que pudiéramos conseguir de nuevo comida. Esto nos condujo a pasar por períodos de ingesta masiva (comer cuanto podíamos cuando había comida) intercalados con períodos de hambre (bajo condiciones de sequía, una búsqueda infructuosa o la incapacidad para cazar debido a problemas físicos o enfermedades).

Este hecho clave, que fue ocurriendo a lo largo de muchos milenios, nos fue seleccionando y predeterminando hacia un tipo de metabolismo que oscilaba entre apoyar el movimiento cuando hiciera falta ir en búsqueda de comida y permitir el descanso y la recuperación cuando teníamos el estómago lleno.

O te mueves o te cazan, elige

Al fin y al cabo, es de sentido común: imagínate por un momento que eres nada más y nada menos que un ancestro de *Homo sapiens* que lucha por sobrevivir y que tiene que pelear por conseguir su sustento. ¿Cuándo crees que decidirías moverte: justo después de comer un trozo de carne que ¡oh, gracia divina! has encontrado cerca de tu cueva cortadito ya en filetes y todo, o cuando el hambre apretara y no encontraras nada en los alrededores?

Evidentemente, cuando tuvieras la necesidad de moverte en busca de alimento. Así fue y así estamos diseñados. Es fascinante observar cómo, ante la necesidad de comida, todo el metabolismo se pone en marcha para favorecer el movimiento, cómo se orquestan todos los órganos para trabajar conjuntamente en pro del movimiento óptimo, y cómo el sistema nervioso central apoya el proceso recompensándonos con un buen número de neurotransmisores de la felicidad. Y a su vez cómo, una vez comido, todos estos procesos cambian, el cuerpo se siente pletórico y lleno de brío y aprovecha para conservar la energía el máximo de tiempo, dormir y regenerarse por completo.

El hecho de que necesitáramos el movimiento para conseguir comida y sobrevivir favoreció que la evolución moldeara nuestro cuerpo en torno a esa necesidad y nos dotó de agilidad y velocidad, flexibilidad y fuerza, resistencia y explosividad. Todo eso teníamos, todo eso tenemos y todo eso deberíamos recuperar (si lo hemos perdido por el camino).

El movimiento es nuestra principal herramienta de supervivencia, para eso se creó, y por eso, moviéndote, el cuerpo se percata de que estás solucionando problemas vitales para él. Es su estado natural.

¿PARA QUÉ MOVERSE SI SE ESTÁ MEJOR EN EL SOFÁ?

Antaño, el movimiento formaba parte de nuestro estilo de vida y nos permitía sobrevivir. Pero en nuestros días ¿qué sentido tiene moverse? Tenemos asegurada la comida y la bebida solo con ir a la nevera (al menos por lo que se refiere a los países desarrollados). Vivimos en un ambiente de abundancia energética y, en consecuencia, no sentimos la necesidad de movernos para conseguir nada. Ahora entiendes por qué, a pesar de todos tus buenos propósitos de apuntarte al gimnasio o empezar a correr, acabas, en la mayoría de ocasiones, abandonando, ¿verdad? No estás solo, muchísima gente no encuentra sentido a mover hoy en día ni un dedo.

ENGORDARSE ES LÓGICO

Haciendo una simple regla de tres, podrás adivinar hasta que el hecho de engordarnos es algo natural dentro de nuestra evolución. Como hemos dicho, nuestros genes han estado acostumbrados a vivir en un ambiente de carencia energética (poca comida), y cuando había comida teníamos que estar dotados con la capacidad de poder comer lo máximo posible y almacenar reservas para los momentos de hambruna. Esa es la grasa que acumulamos en la barriga y en las nalgas.

Es como si se tratara de la despensa de casa: no hay comida, y cuando hay, rellenamos la despensa para cuando nos quedemos sin nada. Este mecanismo es idóneo ya que tener esa capacidad de almacenaje nos ha permitido sobrevivir como especie. En un ambiente de carencia, la despensa se va vaciando y se va rellenando de manera óptima; ahora bien, ¿qué pasa cuando la despensa está llena y no paran de llegar cada día bolsas del supermercado llenas? Se nos acumula la comida fresca y hay que consumirla antes de que se caduque, ¿no?

Pues igualmente, nuestro cuerpo sigue programado para comerse todo lo que se le ponga por delante, pero la diferencia es que estamos en un ambiente de abundancia máximo (podemos comer cuatro, cinco u ocho veces al día si queremos), la despensa no solo no se vacía sino que cada día se va llenando más y más, y cada día los quilos van aumentando y la grasa se va acumulando.

TODO ES CULPA DEL INSTINTO DE SUPERVIVENCIA

Este argumento está magníficamente desarrollado por el doctor José María Ordovás, director del laboratorio de Nutrición y Genómica del Human Nutrition Research

Center on Aging, de la Universidad de Tufts (EE.UU.) y profesor de Nutrición y Genética e investigador en el centro Nacional de Investigaciones Cardiovasculares, en Madrid. Explica en una entrevista para la revista *Redes* de Eduardo Punset, realizada por la periodista Cristina Sáez: «La evolución ha favorecido a los individuos capaces de almacenar grasas, ya que estas constituyen la reserva energética más eficiente. Nuestra maquinaria genética funciona para asegurarnos que podremos seguir viviendo e, igual que ocurre con todas las especies, eso se traduce en que tenemos el deseo de hambre, que hace que tratemos de procurarnos alimentos. La evolución ha favorecido a aquellos individuos que eran capaces de almacenar grasas, ya que estas constituyen la reserva energética más eficiente. Este hecho ha dado lugar a la hipótesis del gen ahorrador: en aquellas poblaciones en las que era muy difícil obtener energía, sobrevivían quienes eran capaces de almacenarla eficientemente. Y eso, que en cierto momento de nuestra evolución era un factor muy positivo, se ha convertido en una epidemia de obesidad, porque nuestro medio ambiente ha cambiado y ahora la caloría es muy fácil de obtener.»

AHORA NO TIENE SENTIDO AHORRAR ENERGÍA, PORQUE NOS SOBRA

En efecto, acumular tenía una coherencia evolutiva en épocas de carencia, pero ante un contexto de abundancia energética como el actual, estos genes de ahorro no cesan en su empeño, siguen reservando según su programación genética... y así estamos todos, con un sobrepeso preocupante, porque no quemamos lo que acumulamos antes de meternos más alimentos al buche.

Esto, prosigue con su argumento Ordovás, nos ha abocado a «una epidemia que se extiende por todo el mundo.

»Afecta a los países desarrollados, pero todavía de forma más acusada a los países en vías de desarrollo. Porque, tradicionalmente, en su historia, han pasado más hambre que nuestros ancestros en Europa, por lo que tienen mayor prevalencia de esos genes ahorradores. Además, fíjate lo que es la evolución, oye, que para asegurarse de que, efectivamente, no nos morimos de hambre, no contamos con un único sistema que nos haga comer, ¡sino con muchos! Se han duplicado, ¡triplicado!, de manera que, si uno falla, otro se pone en marcha. Por eso es tan difícil que funcionen los fármacos dedicados a hacernos perder peso. Fracasan».

Obesos de última generación... hasta en las tribus

Y lo más sorprendente, que avala nuestra tesis de la paleodieta, es este descubrimiento de expertos como Ordovás: «Volviendo a los genes ahorradores... entre nuestros ancestros, había sujetos que, desde un punto de vista evolutivo, estaban bendecidos y tenían una mayor capacidad de absorción de grasas y de mantenimiento de esas grasas. Esos genes, por ejemplo, son más abundantes entre los indios en Oceanía, el continente donde se registra la mayor tasa de obesidad. De hecho, hay poblaciones en las que el 95% de sus individuos son obesos. ¡Pero lo son desde la última generación! Hicimos un estudio al respecto en el que vimos que, antes de mediados del siglo XX, la población era delgada. Comían aquello que producían: pescado, frutas y verduras. No obstante, cuando se estableció comercio con otros países, como Estados Unidos, empezaron a llegar barcos cargados de comida prefabricada, alcohol, cereales y alimentos ricos en grasas de mala calidad... Han cambiado su alimentación y ya no hacen ninguna actividad física. Pero siguen teniendo genes ahorradores. Es responsabilidad suya lanzarse sobre las patatas fritas o comerse una manzana. Lo mismo ocurre cuando vamos a un restaurante y nos abalanzamos sobre los postres. Es una decisión dura y consciente de decirse a sí mismo: no lo necesito y no me lo voy a comer.»

Eso no lo hacemos normalmente porque siempre tenemos ese huequecillo ahí para el postre, para los dulces.

La clave es que la fuente más preciada de energía y de la que había más carencia evolutivamente hablando era la glucosa, que nos la podíamos encontrar puntualmente en un panal de abejas. Si bien, ahora, con la sobreabundancia de pasteles, dulces, golosinas y carbohidratos refinados (pan, pasta, arroz y azúcar) por todos lados, la glucosa se convierte en un arma mortal porque el circuito de recompensa no deja de sentirse atraído por la ley de supervivencia, ni los genes dejan de ahorrar energía, con lo cual, no paramos de acumular grasa.

Y CUANTA MÁS GRASA, MENOS MÚSCULO

Sabemos que nuestros ancestros poseían un peso corporal donde el 50% del mismo era músculo, cantidad muy superior a la media actual, que no supera el 30%, y bajando.

Sí, sí, la mitad de nuestro peso era músculo. Estamos diseñados para ser verdaderos atletas de élite sin gimnasios ni dietas milagrosas.

Y no solo es el cuerpo el que demanda una musculación adecuada, sino también nuestro cerebro, porque es su única manera de sentir la tranquilidad de que si viene un depredador, podremos escapar trepando a un árbol, o incluso enfrentarnos a él.

Esto, traducido a nuestra vida actual, significa que si tenemos más músculo, dispondremos de una mayor capacidad para afrontar situaciones estresantes, mientras que el hecho de perderlo o tenerlo atrofiado, nos resta esa capacidad de reacción-resolución.

Además, se sabe que la musculatura apoya al sistema inmunológico, favorece la desinflamación así como el control neuroendocrino. En otros términos, si, por tu estilo de vida, pierdes músculo, estás echándote un lastre encima que te impide disfrutar de una salud y de una felicidad plena.

LA SALUD DEL CAZADOR-RECOLECTOR DE HOY EN DÍA

Las investigaciones en este sentido son tan espectaculares como las que hizo el doctor Staffan Lindeberg en 1996, el cual estudió un grupo de población de 2.600 habitantes que habitan en la isla de Kitava, en Papúa Nueva Guinea. La característica de esta tribu es que viven en un contexto de cazador-recolector, implicando ello que el movimiento espontáneo forma parte de su estilo de vida, así como que dentro de su alimentación no existen ni los lácteos, ni los cereales ni los azúcares. ¿Sabes cuál es la sorpresa? Que en esta tribu no existe ninguna patología de las que caracteriza a nuestra cultura desarrollada (en la abundancia) como la obesidad, el acné, los derrames cerebrales, la diabetes... a pesar de que un 6% de la población tiene entre sesenta y noventa años de edad. Increíble pero cierto.

Hasta ese punto nuestro estilo de vida impacta en nuestro estado de salud. Y que nadie se piense que estamos hablando de vivir más años, sino de que, ya que tenemos la fortuna de poder disfrutar de una larga esperanza de vida, la podamos vivir mejor, con más energía, mayor sensación de plenitud y de felicidad.

No, no hace falta que caces mamuts

Por lo que estamos contando parecería tan sencillo como recuperar la vida del cazador-recolector, pero ojo, somos conscientes de que vivimos en un contexto en el que llevar a cabo unos ciertos preceptos requiere un esfuerzo y una concienciación para el cambio de costumbres. No podemos olvidar tampoco que hay aspectos que son inadaptables: no nos vamos a levantar por la mañana a cazar mamuts, ni siquiera ratones. Se trata de adaptar ciertos hábitos a la vida actual. En el 99% de los casos solo con comer bien y moverte ya funcionas muchísimo mejor.

En resumen, si haces las cosas con coherencia todo tu cuerpo apoyará los cambios. Para él es lo normal, los recompensará y hará que no solo duren durante una nueva temporada de operación biquini, sino que los incorporará como suyos, puesto que es lo que tu organismo te ha estado pidiendo con insistencia todo este tiempo.

No tienes un cuerpo: ERES UN CUERPO.

TRES MENÚS
PARA CUANDO SUFRAS
UN PROCESO INFLAMATORIO

Si te has hecho un esguince o sufres algún tipo de proceso traumático o artrítico con inflamación de las articulaciones este es un tratamiento a través de la alimentación con unos menús deliciosos que te permitirán disfrutar a la vez que te curas. Los nutrientes básicos, especialmente indicados por su acción antiinflamatoria, son:

- Pescado azul por su grasa omega 3.
- Zanahoria y cilantro, presentan ácido salicílico.
- Cúrcuma, contiene curcumina.
- Aceites esenciales (aceite macerado con tomillo, romero, albahaca, orégano...).

PRIMER MENÚ

Crema de zanahoria con cilantro

Ingredientes para dos personas:

6 zanahorias
4 cebollas
4 dientes de ajo
1 cucharita de cúrcuma
1 cuchara sopera de cilantro fresco picado
Flor de sal
Pimienta
Agua

Preparación:

Pochar la cebolla y el ajo (en el capítulo 6 explicamos la técnica de pochar). En una olla aparte ponemos la zanahoria troceada con un poquito de agua, justo para que no se pegue, y la dejamos unos 15 minutos, el tiempo para que se enternezca. Una vez está tierna, la mezclamos con la cebolla y el ajo pochado, escurrimos el caldo y lo reservamos. Triturar la verdura incluyendo el cilantro fresco picado añadiendo el caldo según la consistencia de crema que quieras. Añadir también aceite de oliva, cúrcuma y al final rectificar de sal y pimienta.

Entrecot de carne ecológica al caviar de berenjenas

Ingredientes para dos personas:

2 entrecots o bistecs de carne ecológica
4 berenjenas
½ cucharada de postre de comino
½ cucharada de postre de curry
Miel
Flor de sal

Preparación:

Cortar las berenjenas por la mitad y haciendo unos cortes en forma de X en la carne de la berenjena para que se hagan mas rápido. Meter en el horno previamente precalentado a unos 170 ºC durante 15 minutos. Cuando estén hechas, las sacamos del horno y con la ayuda de una cuchara separamos la carne de berenjena de la piel y la reservamos. En una sartén a fuego medio ponemos una cuchara sopera de miel, el comino y el curry, removiendo con una espátula y en breves segundos, sin que haga caramelo ni se queme, incorporar la berenjena a la mezcla de la sartén removiendo con la espátula; rectificar de sal.

En otra sartén o plancha caliente poner la carne el tiempo al gusto del consumidor. Nuestra recomendación es poco hecha. Salpimentar la carne.

- Pieza de fruta tropical.
- Mango, papaya, piña o melón.

SEGUNDO MENÚ

Espinacas con pasas y piñones

Ingredientes para dos personas:

1 manojo de espinacas
4 dientes de ajo
4 cebollas
50 g de piñones
50 g de pasas
Aceite de oliva
Sal

Preparación:

Pochar la cebolla y el ajo. Una vez pochados, incorporamos las espinacas. Cuando esté todo cocido, añadimos los piñones y las pasas, rectificamos de sal y removemos sin que se caiga. Acabar con un chorro de aceite de tomillo (véase aceites esenciales) en el emplatado.

Salmón a la plancha con puré de zanahoria y cilantro

Ingredientes para dos personas:

2 trozos de salmón de 200 g cada uno
3 zanahorias
Cilantro
Flor de sal
Aceite de oliva
Pimienta

Preparación:

Pelar y cortar las zanahorias. Hervir en agua con sal y pimienta durante 25 minutos.

Escurrir y triturar con cilantro previamente picado, rectificar de sal. Mientras estamos haciendo este procedimiento podemos dejar que los salmones se hagan en un costado de la sartén o plancha. Es aconsejable comerlo poco hecho, si no quedará muy seco. Acabamos el plato rociando un chorrito de aceite de albahaca (véase aceites esenciales).

Brochetas de frutas con chocolate

Ingredientes para dos personas:

1 kiwi
1 mango
1 pomelo
100 g de chocolate 75% cacao
1 rama de menta
50 cl de agua

Preparación:

Cortamos las frutas para poder pinchar en brochetas. Infusionar menta en agua. Cuando hierva, quitamos la menta y rociamos el agua en el chocolate que habremos picado un poco para que se pueda deshacer mejor con el calor del agua. Nos ayudaremos de unas varillas para deshacerlo mejor. Si lo quieres más líquido o menos amargo añádele más infusión de menta.

TERCER MENÚ

Ensalada de zanahorias estofadas al comino

Ingredientes para dos personas:

4 zanahorias
3 dientes de ajo
1 cucharadita de comino molido
½ limón
1 rama de cilantro fresco
Hojas de perejil
1 hoja de laurel
Tomillo
Aceite de oliva virgen
Flor de sal
Pimienta

Preparación:

Pelar y cortar las zanahorias en rodajas. Añade los ajos picados y condimenta con las especias y el perejil, cúbrelo con agua y deja cocer a fuego bajo 20-25 minutos. Cuando las zanahorias estén blandas, le añadimos el zumo de medio limón, el cilantro fresco picado y dejamos enfriar. Una vez frío le echamos un chorrito de aceite de oliva y a servir.

Bonito con cebolla pochada
con mojo picón verde

Ingredientes para dos personas:

2 piezas de bonito de 200 g
3 cebollas
4 dientes de ajo
1 manojo de cilantro
Vinagre
Aceite de oliva
Flor de sal

Preparación:

Pochar la cebolla y el ajo. Mientras, haremos el mojo picón verde: poner en el vaso un diente de ajo y el cilantro. Triturar con la ayuda de una túrmix o Thermomix. Incorporar seguidamente la sal, el aceite de oliva y el vinagre. Cuando la cebolla esté terminando podemos quitar la tapa y colocar encima el bonito para que se cocine con el calor de la cebolla.

- Pieza de fruta.

«Que la comida sea tu alimento y
el alimento tu medicina.»

HIPÓCRATES DE COS

3

Los pilares de una nutrición y una hidratación saludables, que no monótonas

La nutrición es nuestra fuente de energía, pero cada vez que comemos o bebemos algo podemos armar un gran lío ahí adentro.

Hazte a la idea de que existen una serie de indicadores en el cuerpo, como si se tratara del salpicadero de un coche, y al comer sus agujas se dispararán de una forma más o menos ostensible en función del tipo de nutriente o de la bebida que ingerimos.

El trabajo para nuestro organismo va a ser restablecer todos estos indicadores lo antes posible. Si se lo queremos poner fácil, no deberíamos provocarle con aquello que comemos y bebemos, ni un ambiente excesivamente ÁCIDO, ni excesivamente INFLAMATORIO, ni con una gran CARGA GLUCÉMICA. Esto te lo explicamos a continuación.

Una de las agujas a la que nos referimos es la acidez: Para que lo identifiques, ¿recuerdas alguna vez en que tu estómago sentía un reflujo, quemazón, por una comida abundante, por haber bebido mucho alcohol o por estrés? Pues eso es acidez. Si ingerimos alimentos ácidos continuamente y en exceso generamos esa sensación en todo el cuerpo. No solo en el estómago, sino en la sangre y en todos los demás órganos, en especial en el riñón, que es el responsable de regular esta aguja y se tiene que esforzar mucho por volver a recuperar el equilibrio y ponerla en su sitio.

Una nutrición excesivamente ácida puede comportar dolor en la zona renal, dolor de cabeza, sensación de fatiga, calambres musculares en los gemelos, dolor en el talón y la planta del pie (porque el riñón tiene una conexión neurológica con estas partes de las extremidades). Por no hablar del mayor riesgo de lesiones, la fácil aparición de agujetas y bastante dificultad de recuperación después de una actividad física.

En el siguiente capítulo te explicaremos qué alimentos son ácidos o alcalinos, para que puedas combinarlos correctamente y permanecer en un nivel óptimo de alcalinidad para que los momentos de acidificación sean solo puntuales. Verás que la mayoría de los nutrientes son ácidos (carnes, pescados, huevos, aceite, pan, arroz, pasta, cereales, dulces...), incluido el alcohol y las bebidas azucaradas, mientras que solo las verduras, las frutas y el agua son alcalinos.

El estrés por sí mismo también se puede convertir en

un gran acidificante para nuestro organismo y lo malo es que en muchas ocasiones es inevitable: problemas laborales y económicos, obligaciones a final de mes, tensiones familiares... Pero si de base, además, le sumamos una nutrición ácida, entonces sí que a nuestro cuerpo apenas le van a quedar recursos para poder restablecer este sistema.

Si no fuerzas tu Ferrari, antienvejecerás

Tu cuerpo es como un coche. Una cosa es que de vez en cuando lo pongas a 200 km/h, pero, por lo general, vayas a una velocidad moderada, y otra es que vayas siempre al límite de sus posibilidades... y de la ley. Cuanta más presión le metas a los marcadores de tu organismo, más carga oxidativa y mayor envejecimiento. Nuestro sistema no tendría que estar ácido de manera constante sino que deberíamos mantenernos en un ambiente de alcalinidad durante el mayor tiempo posible. Esta es la forma óptima de cuidar a nuestro cuerpo y de ¡antienvejecer!

¿Y QUÉ SIGNIFICA LA ALCALINIDAD?

La alcalinidad es lo opuesto a la acidificación y también se llama basicidad. No se denomina así por casualidad; es el estado base para que el cuerpo esté sano. El cuerpo tiene que estar alcalino en general, puesto que si no «reposa» en ese estado de equilibrio, para empezar, le faltará oxígeno. Y tú dirás qué puede hacer un ser vivo en carencia de oxígeno. Si tu cuerpo no está alcalino, está ácido y, por tanto, estresado, en continua alerta, incapaz de regular la aguja y devolverla a su punto medio.

Hace ya un par de años, dando clase en la universidad sobre cómo impacta la nutrición en nuestro cuerpo, una de las alumnas presentaba una acidez de estómago de cinco años de evolución. Ella tenía por entonces unos veintitrés años y desde los dieciocho aproximadamente padecía este problema. El origen se debía al uso repetitivo de antiinflamatorios para calmar su dolor de regla junto a una nutrición que presentaba carencias. Lo iba soportando como buenamente podía mediante fármacos y absteniéndose de determinados nutrientes que ya había comprobado que no le sentaban nada bien.

Con la intención de que los alumnos pudieran comprobar el impacto de un cambio nutritivo, le propuse que, si le apetecía, podíamos plantear una intervención nutritiva para mejorar su proceso de acidez estomacal. Ella aceptó llevar a cabo una nutrición alcalinizante y antiinflamatoria, junto con la suplementación de un probiótico y, después de solo una semana, cuando tuvimos la siguiente clase, la chica había sentido una gran mejoría.

El probiótico, conocido también como flora intestinal, es un suplemento natural que se encuentra en farmacias, parafarmacias y herbolarios. No se trata de tomarlo para siempre, sino de hacer una suplementación de impacto de cuatro a seis semanas y, si el producto es de calidad, será suficiente para que haya colonizado nuestro intestino. Nuestra flora intestinal se puede dañar por la toma de antibióticos, medicamentos y/o una nutrición desfavorable; es en estos casos cuando el uso del probiótico está totalmente recomendado.

Pues bien, después de un mes y medio tomando la flora intestinal y aplicando la paleodieta, pudo ir retirando todos los medicamentos y su acidez estomacal desapareció por completo.

Por si te anima saberlo.

EL PILAR DE LA NORMOGLUCEMIA

Otra de las agujas de nuestros marcadores corporales es el nivel de glucosa en sangre. Lo ideal, en la normoglucemia, sería que nuestros niveles de azúcar estuvieran en 80 mg/dl de media en sangre durante todo el día y que, solo cuando comemos, el nivel se elevara moderadamente en forma de ola. Sin embargo, lo que provocamos habitualmente comiendo cinco veces al día y cantidades industriales de pan, pasta, arroz, cereales, dulces y bebidas azucaradas (carbohidratos refinados) son unos tsunamis constantes en nuestro organismo. De repente, viene una ola gigantesca que cuando se retira hacia el mar genera un vacío y luego vuelve a la carga.

En tu cuerpo pasa lo mismo cuando comes esos carbohidratos refinados: se eleva en un pico brutal la glucosa, ante lo cual el páncreas reacciona remando desesperado por volver al nivel normal, y baja tanto que te genera una sensación de ansiedad tremenda para recuperar el nivel de azúcar anterior. Si alguna vez te has excusado con aquello de «necesito comer algo, tengo que picar, no me aguanto, me desmayo si no como algo», ahora ya sabes por qué te sucede: tú mismo te empujas a comer más veces por el hecho de atracarte de carbohidratos refinados en tantas ocasiones.

Y lo peor es que te vas a hacer viejo antes de tiempo por no gozar de los beneficios de reservarte el placer de comer adecuadamente dos o tres veces al día. Pero aún estás a tiempo: cuando vayas recuperando este estado de normoglucemia podrás sentir cómo tu ansiedad va desapareciendo.

Un apunte para todos aquellos que estéis pensando en pasaros al modelo *light*, al azúcar moreno o los edulcorantes artificiales: no sirven; a pesar de tener menos calorías, continúan generando una respuesta pancreática llevándonos a las dos o tres horas a una situación nuevamente de hipoglucemia con la sensación de ansiedad correspondiente.

EL PILAR ANTIINFLAMATORIO

Si estás ácido y tu vida es un tsunami, la resultante es un proceso inflamatorio. Para tener salud, antienvejecer, encontrarte bien, con energía, solucionar cualquier dolencia, hasta un esguince, tienes que estar en un ambiente alcalino, en una situación de normoglucemia y, por tanto, en un estado no inflamatorio. Sin oxígeno y con picos de azúcar tienes menos energía y acumulas más grasa (porque estos picos de azúcar se convierten en grasa), todo lo cual te provoca inflamación, como advertencia de que estás traspasando los límites saludables.

Y cuanta más grasa y menos músculo, más inflamación.

Esta acumulación de grasa va a tener inevitablemente unas consecuencias sobre nuestro estado de salud: tensión arterial alta, dislipidemia (colesterol y triglicéridos altos), apnea nocturna, hígado graso no alcohólico, azúcar alto en sangre... En definitiva, un cuerpo inflamado y con un montón de agujas desreguladas pidiéndonos a gritos un cambio.

Pretender regular todos estos síntomas solo con unos medicamentos se va a convertir en una bomba de relojería, sin lugar a dudas. Y como ya hemos citado antes, bloquear un síntoma no va a hacer otra cosa que generar otro síntoma biológicamente más fuerte (para llamar tu atención hasta hacerte cambiar de hábitos).

Bloquear el colesterol solo con estatinas o la tensión con un antihipertensivo o el azúcar con insulina medicada, sin generar cambio alguno en nuestra forma de comer o de incluir el ejercicio, va a derivar en la aparición de trastornos más severos como diabetes tipo II, cáncer o patologías cardiovasculares entre otros. Es un aviso.

INFLAMADO Y ENCIMA SIN GANAS DE MOVERTE

Para colmo, cuanta más grasa vas almacenando, menos te pide el cuerpo moverte porque la información que pasa al cerebro es que, sin esfuerzo físico, puedes sobrevivir sin problemas, puesto que almacenas reservas de sobra. Cuando hay exceso de grasa, se liberan unos mensajeros inflamatorios, llamados citoquinas, que informan al cerebro de que no es necesario moverse. Por coherencia evolutiva, al activarse los genes de ahorro, se desactivan los genes de movimiento.

Estas citoquinas proinflamatorias liberadas de las células que forman el tejido graso, llamadas adipocitos, no hacen otra cosa que informar a nuestro cerebro y a nuestro cuerpo de que estamos acumulando grasa en exceso y de que eso es peligroso. Te están avisando de que te estás sobrepasando y de que no te vas a poder mover para escapar, que se te va a comer el león, que no eres apto para sobrevivir si sigues por ahí.

La liberación constante de este tipo de citoquinas proinflamatorias crea en nuestro organismo un ambiente inflamatorio subclínico con los consecuentes síntomas:

- *Sistema nervioso central*: disminuye la presencia de endorfinas, dopamina, serotonina... con la consecuente falta de vitalidad, ilusión y energía. Si sigues así, acabarás con ansiedad, depresión, etc.
- *Sistema metabólico*: problemas digestivos, barriga hinchada, gases, malas digestiones, estreñimiento o diarrea, pesadez, boca pastosa, aliento denso. Y si vas más allá: colon irritable, hígado graso, trastornos renales, problemas pancreáticos.
- *Sistema músculo-esquelético*: cansancio muscular, mayor facilidad para la aparición de tendinopatías (daño en los tendones) y una menor capacidad para su recuperación.
- *Sistema inmunitario*: mucho más débil y sensible a la aparición de resfriados, reacciones desmesuradas (alergias) o autoinmunidad (el organismo te ataca a ti mismo: artritis reumatoide, psoriasis, espondilitis anquilosante...).

NOTA: No por estar flaco significa que tu salud sea de oro y puedas permitirte comer todo lo que quieras. Puedes ser delgado y no engordar por más que comas, pero eso no te libra de tener poco músculo, mucha grasa y todas las agujas alteradas. Si comes mal y no te mueves, los síntomas se pueden presentar igual y las enfermedades también.

Con esto no se explican todos los padecimientos, pero sí gran parte de las enfermedades de nuestra sociedad. Por supuesto, sabemos que hay que tener muy en cuenta los aspectos emocionales, pero siempre seremos más capaces de superar un problema si nuestro cuerpo está en su peso ideal gracias a una alimentación y actividad física favorable.

LA HIDRATACIÓN:
RECUPERAR LA SED DE AGUA

La sed nos debería surgir espontáneamente ya que es la segunda cosa más importante después de respirar. Aproximadamente el 70% del cuerpo humano está compuesto por agua. ¿Será importante beber agua? Sin embargo, es bastante habitual que en el balance hídrico diario nos salga muy desfavorable al agua. Es decir, que la suma de otros líquidos como café, leche, bebidas azucaradas, zumos artificiales, alcohol... superen por goleada a la ingesta de agua diaria.

Así, si bebemos 1,5 litros de agua al día y un café sin azúcar, el equilibrio será favorable; mientras que si tomamos un vaso de agua y tres cafés con leche y dos refrescos de cola, la deshidratación está servida, además de que nuestro organismo se acidificará, con lo que ello conlleva.

Lo que es más, con estos hábitos perdemos la sensación de sed de agua y nos desaparece automáticamente su recompensa natural.

A los niños, no les des drogas

Hoy en día, las bebidas azucaradas y el azúcar en general son la «droga» más aceptada socialmente, hasta el punto de que muchos padres se la pueden ofrecer feliz e inocentemente a sus hijos, sin ser conscientes de que estamos ante una sustancia que es totalmente adictiva y que tiene un impacto altamente dañino en nuestro cuerpo, y más en el de un niño.

Una vez que el balance hídrico es desfavorable y hemos perdido la sensación de sed, es muy probable que se nos presenten síntomas por deshidratación: dolor de cabeza, calambres musculares, dolor en la zona renal, piel seca, retención de líquido, estreñimiento... Cuando padecemos un dolor de cabeza por falta de hidratación, nuestro cuerpo no nos está pidiendo un analgésico, ¡nos está pidiendo agua!

En todo caso, algo de minerales, que es lo que le ayuda al riñón a hidratarse y alcalinizarse. Si acaso, otras fuentes de hidratación podrían ser, puntualmente y como sustitutivo más divertido: zumos de manzana natural, que está más mineralizado, o de otras frutas o verduras, infusiones sin endulzantes... Se recomienda recurrir a estas bebidas en situaciones sociales, donde todo el mundo pide bebidas carbonatadas, azucaradas o alcohol, para no parecer un aburrido tomando agua. Y reservar el agua para el resto del día.

El balance hídrico, por tanto, tiene que ser de un 90%

de agua frente a un 10% de vino o de un café sin azúcar para que lo compense. Cualquier otra bebida que no sea agua, infusión sin endulzar o jugo de frutas natural es acidificante, ante lo cual el riñón sufrirá y demandará, mediante síntomas, que lo rehidrates como se merece.

De la cabeza a los pies, dolor

Una vez acudió una paciente a mi consulta con motivo de la aparición hacía un par de semanas de un dolor insoportable en el talón de su pie izquierdo, sin origen aparente. El dolor era tal que para moverse tenía que hacerlo apoyando solo la punta del pie. Además, ya desde hacía un año tenía dolor de cabeza de manera habitual y sufría, de vez en cuando, calambres nocturnos. Tenía cincuenta y cinco años y no recordaba cuánto hacía que no se bebía tres vasos de agua en un día. La sensación de sed le había desaparecido por completo. Fue recuperar su sensación de sed y ofrecerle una nutrición alcalina y mineralizada a sus riñones y estos dejaron de presentar esos síntomas.

Recupera tu circuito de la recompensa

Por todo lo anterior: ¡bebe agua, muévete en ayuno y come no más de tres veces al día comida de calidad! Dale a tu cuerpo alegría, dale lo que te está pidiendo, ¡tiene todas las alarmas encendidas! Cómo recuperar el circuito lo verás en el capítulo 5, después de entender cuáles son los nutrientes que necesitamos para conseguirlo.

TRES MENÚS
PARA MEJORAR
EL SISTEMA INMUNITARIO

El 80% de las células de defensa de nuestro organismo las encontramos en nuestro aparato digestivo. Al mejorarlo, nuestro sistema inmunitario se ve claramente reforzado. Nutrientes que potencian el sistema inmune son: cebolla y ajo, ya que nos mejoran la capacidad desintoxicativa, así como las setas, la cúrcuma, el brócoli y la coliflor.

PRIMER MENÚ

Salteado de setas con ajo y cúrcuma

Ingredientes para dos personas:

500 g de setas (según mercado y temporada)
4 cebollas
4 ajos
Aceite de ajo
Cúrcuma
Flor de sal
Pimienta
Aceite de tomillo

Preparación:

Pochar la cebolla y el ajo. Limpiar bien las setas sin mojarlas, con un papel húmedo o un pincel. Cortar a cuartos o a octavos y saltear en una sartén caliente. Cuando estén hechas, las mezclamos con el pochado y le tiramos tomillo picado y una cucharadita de cúrcuma y apagamos el fuego; esperamos dos segundos y rociamos un chorrito de aceite de ajo (véase aceites esenciales) y seguimos salteando ahora sin fuego. Nos ayudamos con una espátula para que se impregne de aceite de ajo por todas las setas, salpimentamos y listas para comer. En el plato le echamos un chorro de aceite de oliva virgen.

Salmón en papillote de puerro y ajo
con coles de Bruselas

Ingredientes para dos personas:

500 g de salmón
4 dientes de ajo
500 g de coles de Bruselas
3 puerros

Preparación:

Pochar el puerro con el ajo en láminas. Unos minutos antes de que termine lo sacamos de la sartén. En una olla con agua hirviendo ponemos las coles durante 8 minutos, sacamos y cortamos por la mitad. Encima de un papel sulfurizado o un utensilio para papillote (no utilicéis papel aluminio) colocar el lomo de salmón salpimentado y cubierto de puerro y con las coles. Cerramos el papel sulfurizado de modo que no se nos abra en el horno y lo introducimos dentro del mismo, precalentado a 180 °C, durante 10 minutos. Sacamos, abrimos el papel y rociamos con aceite de oliva o algún aceite de hierbas (véase aceites esenciales) que tengamos preparado y listo para emplatar y comer.

• Pieza de mango.

SEGUNDO MENÚ

Crema de brócoli y ajo

Ingredientes para dos personas:

500 g de brócoli
4 cebollas
4 dientes de ajo
Flor de sal
Pimienta
Curry
Aceite de oliva
Caldo de verdura o agua

Preparación:

Pochamos la cebolla y el ajo, a los 10 minutos añadimos el brócoli cortado en cogollos, un poco de sal, pimienta y una cucharada de curry en polvo. Vertemos medio litro de caldo de verdura y dejamos cocer unos 20 minutos. Escurrimos el caldo reservándolo. Trituramos el brócoli con un buen chorro de aceite de oliva, vamos añadiendo caldo según la textura que deseemos para la crema. Acabar en el plato con flor de sal y un chorrito más de aceite de oliva por encima.

Entraña con ensalada de champiñón macerado, frutos secos y pepino

Ingredientes para dos personas:

400 g de entraña ecológica
200 g de champiñones
1 cebolla tierna
50 g de uvas pasas
50 g de avellanas
50 g de nueces
Lechuga romana
Pepino
Aceite de albahaca
Vinagre de Jerez
Flor de sal

Preparación:

Siempre que vayamos a hacer una pieza tanto de atún como de carne al punto intentaremos sacar la pieza unos minutos antes fuera de la nevera para que se ponga a temperatura ambiente, así evitamos que se quede fría por dentro. Lo mejor sería hacerlo en una parrilla, pero si no tenemos puede ser una plancha o sartén.

Para la ensalada, cortaremos los champiñones en láminas finas y las dejamos en un cuenco lleno de aceite de albahaca o en una bandeja simplemente cubiertas. Limpiamos y cortamos las hojas de lechuga y las vamos preparando en un plato o fuente. Pelamos y cortamos el pepino y la cebolla tierna y lo añadimos todo a la lechuga. Terminamos la ensalada con una vinagreta que haremos con el aceite de macerar los champiñones y el vinagre de Jerez (1 volumen de vinagre por 3 de aceite); una vez emulsionada, acabamos la vinagreta con los frutos secos picados y las pasas cortadas y se lo añadimos a la ensalada.

En cuanto tengamos la sartén caliente, ponemos la pieza de entraña para marcar por toda la superficie, con un poco de flor de sal al final y listo para comer.

• Pieza de papaya.

TERCER MENÚ

Crema de verduras con algas

Ingredientes para dos personas:

200 g de calabaza
100 g de calabacín
4 cebollas
1 puerro
4 dientes de ajo
150 g de champiñones
3 hojas picadas de alga nori
Flor de sal
Pimienta
Aceite de oliva

Preparación:

Pochar la cebolla, el puerro y el ajo. Una vez pochado, añadimos el resto de verduras troceadas bien pequeñas para que se cueza antes: calabaza, calabacín y champiñones. Unos minutos antes de terminar la cocción, tiraremos las algas con las verduras y dejaremos unos minutos más. Escurrimos el caldo reservándolo. Triturar toda la verdura y añadir caldo según guste la textura. Terminaremos el plato con un buen chorrito de aceite de oliva virgen.

Marmitako de atún con zanahoria, brócoli, calabaza y cilantro

Ingredientes para dos personas:

500 g de lomo de atún
4 cebollas
4 dientes de ajo
4 ñoras
200 g de calabaza
2 zanahorias
100 g de brócoli
Cilantro fresco
Laurel
Flor de sal
Pimienta
Vino blanco
Caldo de pescado o agua

Preparación:

Hidratamos las ñoras. Ponemos la cebolla y los ajos a pochar, cortamos la calabaza y la zanahoria en cubitos de 2 centímetros y cuando esté la cebolla los añadimos al pochado. Le picamos unas hojas de cilantro y la carne de la ñora. Rociamos el vaso de vino. Cuando reduzca, lo cubrimos todo con caldo de pescado y una hoja de laurel.

Dejamos 8 minutos a fuego medio. Cuando ya casi esté la zanahoria y la calabaza al dente le añadiremos unos tacos de atún de 3 centímetros de grosor y los cogollos de brócoli, 3-4 minutos haciendo chup-chup y listo. Tened en cuenta que el atún se cuece en seguida y si se pasa de cocción queda muy seco. Acabamos rociando, en el plato, un chorro de aceite de oliva virgen.

Calabaza dulce con cacao

Ingredientes para dos personas:

300 g de calabaza dulce o de invierno
Canela en polvo
200 g de cobertura chocolate 75% cacao
50 g de agua

Preparación:

Pelamos y cortamos la calabaza en finas rodajas, la colocamos en una bandeja de horno y la metemos en él habiéndolo precalentado a 170° durante 20 minutos. Iremos probando con la punta de un cuchillo porque puede variar el tiempo de cocción dependiendo del tipo de calabaza y del grosor que le hayamos dado. Al sacar la calabaza del horno, le espolvorearemos una cucharadita de canela en polvo.

Mientras, calentamos agua, y una vez caliente la vertemos encima del chocolate para que se derrita y así poderlo echar por encima de la calabaza una vez asada.

«En la comida no se gasta, se invierte.»

4

Los nutrientes que sí necesitamos para tener salud (y los que nos sobran)

Somos una especie animal omnívora, aunque como vimos en el cuento sobre la Evolución, la grasa y la proteína animal que ingerimos desde hace ya cuatro millones de años ha sido vital para el desarrollo de nuestra especie.

Estas fuentes nutritivas han sido cruciales en toda nuestra evolución y lo continúan siendo. Son la principal y prácticamente la única fuente de: EPA y DHA (grasas omega 3), ácido araquidónico (grasa omega 6), glutamina, carnitina, taurina y vitaminas como la B_{12} y la vitamina A. Todas ellas sustancias que, como podrás comprobar enseguida, resultan imprescindibles.

UY, QUÉ DE CASUALIDADES

Qué casualidad que el 60% de nuestro cerebro sea grasa, de la cual, la omega 3 es la de mayor importancia.

Qué casualidad que frenar la actividad genética que induce a la inflamación y a la proliferación se consiga con omega 3, con vitamina A y con la vitamina D que nos proporciona el sol... Qué casualidad que el correcto funcionamiento de cualquier célula de nuestro cuerpo dependa en gran parte de esas EPA, DHA y del ácido araquidónico que llevan con nosotros tanto tiempo.

Quizá no son casualidades sino pruebas científicas que evidencian la importancia vital que tienen estas sustancias en nuestra salud.

Sin embargo, hoy en día vivimos en máxima discordancia con nuestros genes por culpa de la introducción de alimentos que son demasiado nuevos (cereales, lácteos, azúcar, grasas trans y aceite vegetal), de la gran abundancia nutritiva y la escasa movilidad. No hacen ejercicio ni los niños, que apenas salen a jugar, de ahí que padezcamos tantos trastornos asociados a los países desarrollados como obesidad, diabetes tipo II, patologías cardiovasculares, cáncer, alergia y enfermedades autoinmunes. Tenemos que recuperar la forma de comer de nuestros ancestros para vivir más y, sobre todo, mejor.

Con nuestra forma de comer, debemos cubrir dos grandes grupos de nutrientes: los macronutrientes, donde encontramos las proteínas, las grasas y los carbohidratos; y los micronutrientes, que nos aportarán minerales, vitaminas y flavonoides. Vamos a ello.

Macronutrientes: la proteína, la grasa y los carbohidratos

La proteína

Su calidad biológica

Nuestro cuerpo necesita de manera imperiosa la ingesta de proteína de alta calidad. Vamos a definir antes de nada lo que se entiende por alta calidad o alto valor biológico: se trata de la proteína que proviene de aquel animal que se ha movido (ha corrido), ha comido bien y le ha dado el sol. Es decir, aquel ternero que puede campar a sus anchas por la montaña, que se amamanta durante ocho o nueve meses, después come hierba y que el transporte para sacrificarlo no le genera un alto estrés. Evidentemente, no tendrá nada que ver su carne con la de aquel otro ternero encerrado en un espacio de 2 × 2 metros sin sol, que come cereales transgénicos y toma altas cantidades de antibióticos para no enfermar y antidiuréticos para retener agua y así pesar más en el momento de su muerte y de su venta.

Lo mismo ocurre con el cerdo «normal» y el cerdo «ibérico». No tiene ni punto de comparación una loncha de jamón ibérico, donde encontramos todas esas vetas blancas que corresponden a la grasa infiltrada en el músculo al haberse movido, con el jamón serrano que tiene toda la grasa alrededor, lo típico de un cerdo al que engordaron sin más, engullendo todos los desperdicios que encontraba en una piara diminuta. Pues bien, la grasa del primero será antiinflamatoria, como corresponde a la proteína de alto valor biológico, mientras que la del segundo será proinflamatoria.

En el fondo, elegir la calidad de la carne es lo mismo que plantearte qué tipo de persona elegirías a primera vista: alguien que está fibrado y morenito, con aspecto saludable, o el comilón que está tirado en el sofá con el refresco de cola y mirando el canal de deportes en la televisión.

En cuanto al pescado, nos encontramos los peces salvajes frente a aquellos que son de piscifactoría, alimentados exclusivamente de cereales. Por descontado, los salvajes son nutrientes prosaludables, mientras que los otros pierden este valor. Cabe decir que de entre el pescado salvaje también hay aquellos más grandes, depredadores, como el atún o el pez espada, que pueden tener un mayor contenido en metales pesados; mientras los más pequeños como las sardinas y los boquerones se alimentan de plancton, que les sirve como antioxidante.

En definitiva, siempre que puedas, compra pescado salvaje, predominando el pescado no depredador, pero saboreando un buen atún o un buen salmón una o dos veces por semana. Como veremos, es peor para nuestro cuerpo la carencia de omega 3 que un «poquito» de metal pesado.

Hasta los huevos

Incluso los huevos que consumimos son de baja calidad porque las gallinas están alimentadas con pienso y no se mueven porque están hacinadas. A la hora de comprar la docena, hay que fijarse bien en el primer número de la serie por la izquierda, en la cáscara del huevo, que indica su calidad: el tres es de menor calidad; imagínate que hasta les cortan el pico para que no se ataquen porque están encerradas, malnutridas y, por lo tanto, soportan un nivel muy alto de estrés. El nivel 2 también es malo; en cambio, con el 1 al menos las gallinas están sueltas y son de mejor calidad, y el 0 es el ecológico, que ya se vende en el hipermercado normal. Y cuando pruebas la diferencia luego no te sabe igual ni la mayonesa casera.

¿En qué cantidad debes comerlos semanalmente?

Los huevos son una fuente proteica que hemos de tener presente unas cinco o seis veces a la semana.

El pescado debe de ser junto con la carne nuestra principal fuente de proteínas, ingiriéndolo en una semana como mínimo entre cuatro y seis veces. Debemos tener dos cosas en cuenta: si es posible, que predomine tres o cuatro veces el pescado azul y dos o tres el pescado blanco; ¿Por qué lo recomendamos de esta manera? Porque el azul tiene grasa omega 3, de la que seguramente habrás oído hablar mucho últimamente, y esta, como veremos en el apartado de las grasas, no es que sea importante, sino que es imprescindible (sin ella, sufriremos problemas de salud).

La segunda advertencia es que el pescado frito no sirve, es decir, cuando un alimento se fríe, en general, pierde su valor nutricional. No solo eso, se convierte en tóxico. ¿Recuerdas cómo al comer algo frito te genera aquella sensación de pesadez y se repite? Pues ahora ya sabes por qué te pasas toda la tarde con el regusto a boquerones rebozados; no es culpa del aceite reutilizado por el restaurante (o no solo).

Tampoco hay que ser integrista

Esto sería lo óptimo, un objetivo a alcanzar, pero no te agobies. Para aquellos que no comen nada de pescado, si ahora lo hacen dos o tres veces a la semana está más que bien para empezar. Al igual que si el pescado azul nos cuesta, y al principio comemos más del blanco que del azul. La sepia, el calamar, el pulpo y los demás frutos del mar (almejas, mejillones, gambas...) también forman parte de esta fuente proteica. ¡Y están deliciosos!

Olvídate de la mala fama de que el marisco y los frutos del mar generan ácido úrico. ¿Cómo unos nutrientes que provienen del mar, tan buenos, tan sanos y tan ricos van a ser los únicos responsables de generarnos ácido úrico? El ácido úrico es la respuesta de un riñón «enfadado» que se encuentra en un ambiente de acidificación excesiva permanente. Esta acidificación, como vimos en el capítulo anterior, es la resultante de todo nuestro ambiente nutritivo y no solo de unas pobres gambas. Por lo tanto, esta forma de comer va a venir de maravilla para aquellos que sufran problemas con el «dichoso» ácido úrico, entre los más conocidos, la gota.

La carne es nuestra otra fuente de proteína imprescindible.

La recomendación es tomar de cuatro a seis veces a la semana carne, sin importar si es blanca o roja, sino que sea carne de alto valor biológico, esto sí que no debes olvidarlo, porque si la carne no es de buena calidad te estás metiendo grasa mala de la que inflama.

La carne es la principal fuente de vitamina B_{12}, glutamina y carnitina. La vitamina B_{12} es necesaria para tener un buen estado de ánimo, apoya la formación de glóbulos rojos y es importante para la memoria y para el metabolismo óseo.

La glutamina es el aminoácido más presente en nuestro músculo, en un 60%, así que te quedará claro que sin ella ya nos podemos ir olvidando de tener músculo y ¡qué importante que es el músculo para nuestra salud! Recuerda que no solo nos ofrece mayor fuerza y agilidad, sino que también tiene que ver con tener una mejor respuesta al estrés y un sistema inmunitario más fuerte. De hecho, la glutamina sirve como fuente de energía para nuestro sistema inmunitario, así como para mantener una buena función del epitelio intestinal y como fuente energética, ya que se puede transformar en glucosa en caso de necesidad...

Adelgazantes naturales

Puede ser que a muchos os suene la carnitina como aquel suplemento que se da en los gimnasios con el objetivo de quemar más grasa. Es una idea correcta pero valdría la pena hacer unos matices para poder sacarle partido. Como hemos explicado ya en capítulos anteriores, una de las señales clave para que nuestro cuerpo use la grasa como fuente energética será movernos en ayuno o al menos que hayan pasado ya cuatro horas de la última comida. Si hemos comido, en cambio, la subida de la insulina será la responsable de avisarnos de que no es necesario gastar nada de nuestra despensa (grasa) ya que podemos usar la glucosa que acabamos de ingerir.

Por tanto, se sobrentiende que si nuestro objetivo es quemar grasa, lo primero que debemos hacer es movernos con la barriga vacía; lo segundo, que tengamos oxígeno y que, por tanto, la intensidad del ejercicio no sea muy elevada y, entonces, ahí sí que tiene sentido suplementar carnitina, ya que podrá actuar de manera eficaz. Si el interruptor del gasto energético señala la glucosa porque el ejercicio es después de comer o de alta intensidad, la carnitina es mucho menos efectiva. Dicho esto, la principal fuente de carnitina en la nutrición es la carne, ya que los vegetales contienen cantidades muy pequeñas.

Otra sustancia imprescindible para nuestra salud, que la encontramos tan solo en la proteína animal ya sea carne o también pescado, será la taurina. Juega un papel crucial en la formación de las plaquetas y en el sistema nervioso. Fíjate si es importante que hasta se encuentra en altas cantidades en el calostro y en la leche materna relacionada con el desarrollo del cerebro del bebé.

Atención a los vegetarianos que van a presentar carencias de este tipo de nutrientes, ya que no existen otras fuentes tan ricas como la proteína animal.

Calcula según tu peso y actividad

Para afinar un poquito más en las cantidades que te correspondería comer de proteína a nivel individual, podrías calcularlo así:

La persona sedentaria requerirá 1 gramo por kilo de peso corporal al día. Es decir, que si la persona en cuestión pesa 70 kg, necesitará 70 g de proteína (70 kg × 1 g). Estos 70 g de proteína total los obtendremos de 350 g de carne, pescado, huevos y frutos del mar. Los 70 g salen de calcular el 20% de los 350 g. Un huevo pesa unos 50 g aproximadamente, que corresponden a 10 g de proteína.

La persona que realiza actividad física tres o cuatro veces a la semana (actividad física moderada) deberá ingerir 1,5 g por kilo de peso corporal al día. En el mismo ejemplo de antes, de 70 kg con más actividad necesitaremos 105 g de proteína al día, obtenido de 500 g de carne, pescado, huevos y frutos del mar. El 20% de 500 g son 100 g.

Finalmente, para una persona muy activa, deportista aficionado... el requerimiento será de 2 g por kilo de peso corporal al día, es decir, si continúa pesando 70 kg, entonces necesitaremos 140 g de proteínas diarias obtenidas de 700 g de carne, pescado, huevos y frutos del mar.

Resumiendo, que es gerundio

Según la relación que te hemos planteado anteriormente, repasamos: pescado y/o frutos del mar 4-6 veces/semana; carne 4-6 veces/semana; huevos 5-6 veces/semana.

Carencias y consecuencias

Uno de los principales síntomas ante una carencia de proteína va a ser el cansancio generalizado que nos va a acompañar durante todo el día. Muchas veces se va a asociar a falta de hierro. De hecho, el hierro puede constar bajo en la analítica pero ¡atención!, si además del hierro bajo encontramos los valores de la serie roja (sea hemoglobina, hematocrito, hematíes...), a la baja, es decir, que aunque no estén por debajo de los valores de referencia están rozándolos, sumados también a una tendencia a la baja de la serie blanca o la fórmula leucocitaria (leucocitos) y con una ferritina baja (proteína que transporta el hierro), seguramente el cansancio se deberá a la carencia de proteína y no a la falta de hierro. En cualquier caso, ya sabemos que esto es demasiado técnico, solo queremos que sirva como información para que el lector, ante cualquier sospecha, en el momento de tomar una decisión, acuda al especialista y le pregunte sobre esta posibilidad.

Las grasas son imprescindibles para las funciones vitales

Hay tres grasas antiinflamatorias y vitales para que nuestro cuerpo funcione bien: la grasa omega 3, que la encontraremos en el pescado azul; un tipo de grasa omega 6 (la otra omega 6 será el ácido linólico, pero esta es proinflamatoria), conocida como ácido araquidónico, presente en la carne de alto valor biológico (se trata de aquella grasa que tenía infiltrada el animal por haberse movido), y la grasa omega 9 o ácido oleico presente en aceite de oliva, aguacate y nueces. Fijaos que nuevamente dos de las tres grasas las vamos a encontrar única y exclusivamente en la fuente animal.

Al repasar la cantidad de funciones importantes que las grasas regulan en nuestro organismo, nos daremos cuenta de lo que quiere decir un nutriente imprescindible para la salud.

Una función primordial será que las células tengan una membrana flexible. Es decir, por ejemplo, si hablamos de un hepatocito, que es la célula que se encuentra en el hígado, nos lo tenemos que imaginar como la fábrica que se encarga de limpiar nuestro cuerpo, una depuradora. Pues bien, estas tres grasas juegan un papel esencial para que las máquinas de esas fábricas funcionen óptimamente. La carencia de ellas nos fastidiará la limpieza. Un hígado «sucio» nos puede generar boca pastosa y mal aliento matutino (aparece después de estar un buen rato sin comer), dolor de cabeza, olor fuerte en las heces, gases con olor, digestiones pesadas... entre otras molestias.

Otra función de la grasa consiste en actuar como materia prima para la formación de hormonas tan importantes como el cortisol, las hormonas sexuales y la vitamina D. Si no tienes grasa buena, simplemente no generas óptimamente estas hormonas y, por lo tanto, tendremos trastornos relacionados con la regla como un síndrome premenstrual o una regla dolorosa o desregulada y una peor respuesta al estrés, por carecer de las hormonas que sirven para gestionarlo.

La vitamina D es una hormona nuclear, es decir, trabaja en las entrañas de nuestro cuerpo, va al núcleo, al ADN, y es ahí donde regula la función. Similar acción realiza la vitamina A, pero mientras que esta la obtendremos directamente de la fuente animal, para obtener vitamina D necesitaremos los rayos uva, porque son los encargados de transformar la grasa en vitamina D.

Si bien es verdad que exponernos al sol cuatro horas seguidas después de haber estado todo el invierno encerrados es agresivo para nuestra piel, tomarlo con sentido común es algo necesario e imprescindible para que, entre otras cosas, tengamos unos niveles óptimos de vitamina D. Si carecemos de grasa buena y/o de rayos uva, no podremos formar esta vitamina (considerada como una hormona debido a su alta relevancia) y, en consecuencia, no hay ninguna otra sustancia que pueda hacer su función, que es antiproliferativa, antiinflamatoria y anticancerígena.

Para que comprendas el alcance de esta carencia, básicamente significa que sin ella estamos absolutamente desprotegidos ante enfermedades tan graves como el cáncer o patologías autoinmunitarias como la psoriasis o el Crohn.

Si has alucinado con el hecho de que la vitamina D y la vitamina A vayan al núcleo de la célula, no se queda corto el receptor PPAR, que es el que está específicamente diseñado para hacer su función cuando entra en contacto con grasas omega 3, que actúan también como hormonas. No hay nada en el cuerpo que esté ahí por casualidad. Y si las células tienen un receptor específico para algunas sustancias, es porque estas son realmente imprescindibles para nuestra supervivencia. La función de la grasa omega 3 en este caso es parecida a la de la vitamina D y la vitamina A: sin ella, estamos indefensos ante cantidad de enfermedades degenerativas.

Si hablamos del sistema nervioso, este es dependiente también de la grasa: si notas pérdida de concentración, de memoria, falta de agilidad mental, aletargamiento, es que te falta omega 3 que te lubrifique el cerebro.

Otra de las funciones de la grasa es que te beneficia a la hora de adelgazar porque regula la saciedad: la grasa es la encargada de generarnos la sensación de saciedad real en el hipotálamo. El incremento de grasas buenas será imprescindible para poder regular el apetito, liberarte de la ansiedad y, poco a poco, poder aguantar sin picar entre las comidas principales con suficiente energía, sin esa obsesión por comer a todas horas.

Pero ¿dónde está esa grasa buena?

Gran parte de esta grasa la encontramos en la proteína que hemos citado anteriormente, por eso hablamos del binomio proteína-grasa: omega 3 en pescado azul y omega 6 (ácido araquidónico) en carne «buena». Nos faltaría hablar sobre la omega 9. El aceite de oliva lo vamos a usar siempre en crudo y en la cantidad que nos apetezca. Con un poquito de coherencia, claro, pero tampoco hace falta que vayamos midiendo la cantidad con una máquina de precisión. El aguacate y los frutos secos también ofrecen esta grasa. De frutos secos nos quedamos con los siguientes, crudos o tostados, nunca fritos: nuez, almendra, avellana, piñón y nuez de macadamia. Evitamos cacahuete, pistacho, anacardos y pipas.

Ten en cuenta que las grasas buenas adelgazan: es decir, que nos ofrecen una mejora de nuestro metabolismo, una regulación en el hambre-saciedad y una acción antiinflamatoria vital para perder peso poniendo por delante la salud. No vale perder peso a cualquier precio. Olvídate del típico efecto yoyó: «Pierdo 10 kg en un mes pero continuo sin ir de vientre, tengo gases, malas digestiones, ansiedad y encima, cuando lo dejo, recupero los 10 kg + 2 más de regalo.» La paleodieta no funciona así.

En definitiva, las grasas buenas nos ofrecen salud en el contexto de nutrición del que estamos hablando, respetando los tres pilares. Pero, como todo en esta vida, tienen sus rivales.

No confundir con las grasas malas

Frente a las grasas buenas, se oponen las grasas malas, esas contra las que todas las dietas (mínimamente lógicas) nos advierten: «No hay que comer grasa.» Estas son por orden de impacto: las grasas trans consolidadas artificialmente (margarina, bollería industrial), que son malas siempre. No así los otros dos tipos de grasas, que son malas tomadas en exceso, y son: el ácido linólico presente en aceites vegetales, en los cereales, la leche y frutos secos como pistacho o cacahuete; y las grasas saturadas presentes en carnes y embutidos de mala calidad. Pero si comes carne de buena calidad, ya no te tendrás que preocupar del exceso de grasa porque esta será de la buena.

Una excepción entre las grasas saturadas es la del coco, en la que diferentes investigaciones plantean su uso para la prevención de la obesidad. Y es que resulta que al comer coco, su grasa saturada, que es principalmente de cadena media, incrementa la «quema» de nuestras reservas de grasa. Pero atención: para que esto suceda no debemos comer coco junto con ningún tipo de carbohidrato. Entonces podríamos plantear el coco como un muy buen nutriente para el desayuno ya que nos ayuda a quemar la grasa de nuestra despensa y nos genera saciedad.

Los carbohidratos: carga glucémica, gluten y antinutrientes

Los carbohidratos son fuente de glucosa. Ahora bien, que sean beneficiosos o perjudiciales depende de su carga glucémica y de que tengan gluten y/o antinutrientes (sustancias proinflamatorias).

Anteriormente, se valoraban los hidratos por el índice glucémico, es decir, la velocidad con la que llega la glucosa a la sangre, un valor que podría hacer creer que la glucosa del plátano o de un refresco de cola llegan con la misma velocidad. Sin embargo, desde los años noventa un científico de Harvard llamado Walter Willett planteó que lo relevante es la carga glucémica, es decir, la cantidad de glucosa que contienen los nutrientes. Y ahí se comprobó que el refresco te genera un pico de glucosa mucho más alto que el plátano, con todo lo que ello conlleva.

Si miramos la carga glucémica del pan, el arroz, la pasta no integral y los dulces vemos que es muy alta debido a que han sido refinados subiéndonos el azúcar a tope, disparando las agujas de la normoglucemia y generando el tsunami de la hiperglucemia y la hipoglucemia, con la consecuente necesidad de ir picando cosas dulces cada dos o tres horas de manera ansiosa. En adelante, nos referiremos a este conjunto de nutrientes como carbohidratos refinados.

Dentro de estos refinados no incluimos a los tubérculos. La patata tiene una carga glucémica similar a la de un plátano; y la batata y el boniato si que tienen una mayor carga glucémica que la fruta y la verdura pero mucho menor que la de los carbohidratos refinados. Estos alimentos serían totalmente adecuados incorporarlos en nuestra dieta habitual aunque no para aquellos que quieran perder peso. Solo una cosa, conviene pelarlos generosamente ya que en su pela encontramos antinutrientes.

Ante los carbohidratos refinados, una de las vías que el cuerpo utiliza es convertir ese azúcar en grasa, que se queda ahí acumulada. Es como al pato que le logran hacer un súperhígado graso a base de atiborrarlo de cereales. Pero hay más inconvenientes, estos carbohidratos refinados se consideran calorías vacías ya que ofrecen una cantidad muy baja de micronutrientes (vitaminas y minerales) en comparación con la fruta y la verdura. Y encima son ácidos, en contra de la función primordial de los carbohidratos, que es alcalinizar para equilibrar los ácidos.

Por si esto fuera poco, la gran mayoría de los cereales presentan gluten. Alessio Fasano, uno de los científicos con un conocimiento más extenso sobre este tema, lo definió en una reciente Cumbre Mundial sobre gluten como «una molécula no digerible por ningún ser humano». Esto quiere decir que cuando entra en nuestro aparato digestivo se convierte en un disruptor endocrino, es decir, una sustancia que genera una cascada inflamatoria en nuestra célula intestinal. Vaya que nos va a ir mal si o si, solo que en función de tu sensibilidad al gluten la respuesta será de más alto impacto como la celiaquía, pasando por una sensibilidad al gluten no celíaca o simplemente por síntomas como el hinchazón y la pesadez.

¿... Y los integrales?

Sí, es verdad que tienen una menor carga glucémica pero en contrapartida, al presentar el grano más entero, contienen una mayor cantidad de antinutrientes como fitatos y lectinas.

Los fitatos reducen la absorción de varios minerales como el magnesio, el calcio y el zinc, de los que más adelante veremos su importancia, mientras que las lectinas, al igual que el gluten, actúan como disruptores endocrinos dañando nuestro sistema digestivo y comportándose como un cuerpo extraño para nuestro sistema inmunitario.

Algo similar ocurre con otro tipo de antinutrientes, las saponinas, que las encontramos en las legumbres como los garbanzos, las lentejas, las judías... y aunque sea verdad que tienen riqueza nutritiva, el precio que pagamos para digerirlas es muy alto, de ahí todos los gases y la inflamación intestinal que nos generan.

El problema no es el plato de garbanzos que vamos a comer una vez a la semana (no solemos comer más de dos veces legumbres a la semana, si no, también será un problema), sino la ingesta de cereales masiva que hacemos a diario en forma de pan, galletitas, magdalenas, pasta, pizza, lasaña, arroz, palitos, torradas... Es muy habitual que cada 2-3 horas estemos ingiriendo este tipo de alimentos que a parte de generar una mayor carga glucémica cuando son refinados, el otro enorme problema es que provocan una inflamación persistente mediante el gluten y los antinutrientes.

Otra cosa que deben de hacer los carbohidratos es compensar la acidez que genera la proteína y la grasa. Y solo lo podemos hacer mediante la fruta y la verdura. Los hidratos como la pasta, el pan y el arroz no hacen más que añadir más ácido al sistema, y si sigues acidificándolo, al sistema le dará por captar minerales y calcio del hueso para poder formar un tampón, con el fin de parar esa acidificación. Por eso la comida excesivamente ácida provoca que el hueso sufra osteoporosis, tal como explicaremos más adelante.

¿Pero el pan, la pasta y el arroz no están en la base de la pirámide?

Efectivamente, en la base de la pirámide nutricional más conocida y que encontramos en colegios y centros de salud está el pan, la pasta y el arroz. Es la gran mentira del siglo XX. Una pirámide nutricional establecida en los años 90 por el Departamento de Agricultura de los Estados Unidos (USDA) y en la que no tuvieron ni la decencia de poner la fruta y la verdura en la base como parte de los carbohidratos fundamentales. Nos quisieron hacer creer, para sus intereses económicos, que los carbohidratos refinados van por delante de la fruta y la verdura. Una mentira que se ha repetido tanto que al final se convirtió en una verdad. En 2005, Harvard University publicó la revisión de esa pirámide y colocó a cada cual en el lugar que le corresponde: la fruta y la verdura en la base (comer cada día), y los carbohidratos refinados en el vértice (comer de vez en cuando).

Si eres de los que te «cuidas» puedes continuar ingiriendo una alta cantidad de trigo o cereales pero lo harás con torraditas, palitos, pan y pasta integral y quizás con algún cereal que no sea trigo. De todas formas, aunque te ahorres la carga glucémica, la presencia de gluten y antinutrientes está servida y la posibilidad de que la barriga esté hinchada y con pesadez también. Sin embargo si eres de los que ni siquiera has prestado atención a todo este tema, lo más probable es que ingieras a diario una cantidad muy elevada de pan, pasta y arroz blanco, y un montón de bollería y azúcar.

El azúcar es veneno

El azúcar es casi venenoso, debería estar considerado como la nicotina, en el sentido de que tenemos instaladas máquinas expendedoras en los colegios, centros de salud, aeropuertos, tentándonos a todas horas como a los fumadores en los bares con el tabaco. Cuando tomamos azúcar estamos tomando un inflamatorio, estamos inflamando nuestro cuerpo. Tú dirás que por dos azucarillos al día en el café, 20 g en total, no pasa nada, pero eso son 600 g de azúcar al mes, que es demasiado. Pero si a eso le sumas todo el azúcar de los carbohidratos refinados que comes habitualmente, más los pasteles, la repostería, la tableta de chocolate con leche, las bebidas azucaradas y alcohólicas, etc., coincidirás conmigo en que estás activando una bomba de relojería constantemente.

Hemos de reconocerlo: somos adictos al azúcar porque antes era un nutriente muy valioso que solo se encontraba en la miel y muy difícilmente, cuando lo encontrábamos, teníamos que ser capaces de comérnoslo todo, porque era una reserva vital e increíble que nos ayudaba a sobrevivir. Por eso hoy en día a pesar de estar lleno, el hecho de pensar en el azúcar te vuelve a abrir el estómago para permitirte ingerirlo: te traen la carta de postre o la mesita con ellos para que los veas, y aunque estés llenísimo, siempre te queda un hueco, te puedes comer hasta dos postres. Evolutivamente, era imprescindible y coherente, pero hoy en día, que estamos rodeados de azúcar a todas horas, que no es cuestión de supervivencia sino más bien al contrario, es un arma de destrucción que no mata de golpe, pero poco a poco te va restando calidad de vida.

Con todo esto no queremos obligar a nadie a nada, lógicamente. Te damos la información para que tú elijas si, teniendo la pistola en la mano, quieres quitarle el seguro o mantenerla asegurada, gran metáfora del experto en nutrición José María Ordovás. No se trata de ser integrista y quitarte el pan para siempre, sino de que los nutrientes que no son favorables no estén cada día presentes en tu dieta.

Tal es la fórmula para adaptar la paleodieta a nuestros días. Un día especial, cómelo, pero intenta que no sea siempre. Si quieres comer azúcar un día de vez en cuando, date el gustazo, así el cuerpo se inflama ese día al 100%, pero no estará cada día inflamado a un 60%.

Y si decides que quieres seguir comiendo pan, pasta, arroz, etc., porque es irrenunciable en tu vida, siempre será mejor que si comes bollería industrial, que es letal. Igual de nocivo que si comes solo bocadillos y pasta para desayunar, comer, merendar y cenar, sin combinarlos con proteínas ni verduras y frutas como base de la alimentación. Valora tú mismo cómo te quieres sentir: cómo te va a apetecer moverte si te pesa todo y si estás inflamado.

Secuelas en la procreación

Mientras los africanos tienen siete niños a pesar de su malnutrición, en nuestra sociedad desarrollada cada vez tenemos más problemas para procrear. ¿Te lo habías parado a pensar alguna vez? Realmente, se está convirtiendo en una «pandemia» en nuestros días, cuando tenemos que recurrir a duros tratamientos de fertilidad, fecundaciones in vitro, porque a los hombres se les diagnostica esperma inmaduro y a las mujeres otros tantos problemas con su sistema reproductivo y hormonal.

Uno de los aspectos que se relaciona con esta situación de infertilidad creciente es la obesidad. Cuanto más abundancia energética, más señales recibe el cuerpo de que tenemos la supervivencia asegurada; por tanto, menos necesidad de reproducir tenemos. ¿No crees que esto se solucionaría si le damos a nuestros genes aquello a lo que han estado acostumbrados a lo largo de la evolución?

En el mundo del deporte

Los carbohidratos refinados siempre han sido unos nutrientes muy valorados en el mundo del deporte por su gran aporte de glucosa. Y es verdad, aportan un pico de glucosa muy valioso. Pero cuidado con los aspectos que hemos ido comentando: su mayor carga ácida y su menor presencia de micronutrientes y su señal proinflamatoria no ayuda de una forma favorable a una buena recuperación.

Para todos aquellos deportistas que pueden llegar a hacer largas sesiones de entrenamiento (entre dos y tres horas diarias), el uso de los carbohidratos refinados como la pasta y el arroz puede estar indicado pero siempre sabiéndolo combinar correctamente con los demás grupos de nutrientes.

Bioflavonoides y micronutrientes

Bioflavonoides y demás...

Los bioflavonoides son aquellas sustancias que pigmentan a los vegetales y que se conocen por su gran valor antioxidante, antiinflamatorio, potenciador del sistema inmunitario y anticancerígeno. Entre ellos, encontramos la epigalocatequina del té verde; la antiocianina, que es la que da los pigmentos azules y rojos, por ejemplo, en la uva roja, las frambuesas, las moras o el arándano, y la quercitina, que es el pigmento amarillo-verdoso que caracterizan cebollas, manzanas y brócoli.

En fin, hay descritos más de 5.000 flavonoides. De

hecho, se podría dedicar un libro a ellos exclusivamente. Tampoco ese es el objetivo, solo conviene saber que, por más flavonoides que revisemos, todos ellos los vamos a continuar encontrando. ¿Dónde? ¡Premio! Efectivamente, en todos esos vegetales, frutas y hierbas que llevan con nosotros toda la evolución ofreciéndonos un montón de cosas beneficiosas. ¿Ves por qué los carbohidratos en forma de fruta y verdura no pueden faltar? Realmente son imprescindibles.

Además de los flavonoides, la fruta, la verdura y las hierbas también presentan otra serie de sustancias que tienen unas acciones espectaculares sobre nuestro estado de salud. La uva negra, mayormente en su piel y su pepita, contiene resveratrol. Esta sustancia es un antimicrobiótico que sirve para proteger a la planta y que se ha puesto muy de moda últimamente al comprobar que potencia una proteína llamada SIRT, que tiene importantes efectos de antienvejecimiento en nuestro organismo.

Pero tampoco nos engañemos, que nadie se piense que ahora esto se va a convertir en el elixir de la eterna juventud. Eso no existe, ni existirá jamás. Para vivir mejor (que no tiene que ver necesariamente con vivir más) se trata de gestionar los pilares que ya hemos presentado: forma de comer, forma de beber, forma de movernos y tranquilidad emocional, junto con vida sexual y social. ¡Y si además uno se toma un suplemento de resveratrol ya es maravilloso! Pero que nadie espere que el resveratrol aislado resuelva nada o contrarreste todo lo demás.

En el brócoli y otras crucíferas como la coliflor y la col encontramos sulfurafano, que se caracteriza por su acción anticancerígena y antiinflamatoria. Al igual que la curcumina, sustancia que encontramos en la cúrcuma, que presenta una capacidad espectacular para regular procesos inflamatorios. Y qué vamos a decir del ajo, nutriente que por su alto contenido en azufre, junto con la cebolla, el puerro y todos los nutrientes de la familia, son una sustancia vital para los procesos de desintoxicación del hígado.

En nuestras recetas para «limpiar» el hígado, podréis aprender cómo cocinar la cebolla y el ajo pochado; y hacerlo formar parte de vuestra nutrición habitual, convirtiéndolo así en recetas curativas, una especie de medicamentos caseros sin químicos. Aquí hemos querido citar algunos de los bioflavonoides y las sustancias más destacadas, aunque adjunta a las recetas encontraréis la descripción de otros muchos más.

Los micronutrientes: vitaminas
y minerales

La mayoría de las vitaminas no pueden ser sintetizadas por el organismo, por lo que no hay otra forma de obtenerlas que a través de la ingesta nutritiva. En los seres humanos hay trece vitaminas: nueve hidrosolubles (solubles en agua), que son las vitaminas B y la vitamina C; y cuatro liposolubes (solubles en grasa), que son la A, la D, la E y la K.

En el apartado de grasas ya valoramos la función de la vitamina D y la vitamina A. Como ya mencionamos, es tal su importancia que a día de hoy más que vitaminas están consideradas como hormonas.

Las principales fuentes de vitamina E son el aceite de oliva, las nueces, las almendras y las espinacas. Sin ella, tendremos carencia de un importante antioxidante que ayuda a proteger glándulas y órganos grasos como el cerebro, los órganos sexuales, las glándulas suprarrenales y la tiroides.

La última vitamina liposuble que nos queda es la vitamina K, que juega un papel importante en los procesos de coagulación. Esta la podremos obtener también del aceite de oliva y de las espinacas, así como de otros vegetales de hoja verde como el perejil, la lechuga y la col.

Con los carbohidratos de calidad (fruta y verdura) nos aseguramos cubrir gran parte de los micronutrientes y de los bioflavonoides que nuestro cuerpo necesita para funcionar como un reloj suizo. Cuando los comamos crudos, obtendremos sobre todo las vitaminas hidrosolubles (vitaminas B y vitamina C) y la mayor parte de los bioflavonoides, ya que estos se pierden con la cocción, mientras que al cocinarlo potenciaremos otro tipo de sustancias.

En el capítulo seis aprenderemos las diferentes posibilidades que tendremos para cocinar nuestros platos.

La archiconocida vitamina C tiene una gran variedad de funciones. Por ejemplo, para que en un esguince de tobillo regeneremos más favorablemente el tejido dañado necesitaremos vitamina C. Del mismo modo que también nos servirá para prevenir la aparición de agujetas después del ejercicio. También será clave para la formación de noradrenalina y adrenalina, ¿te suenan verdad? Estas hormonas tienen que ver con una buena respuesta ante situaciones de estrés. Sus principales fuentes son las frutas cítricas: el kiwi, el perejil, el pimiento y la grosella negra.

El grupo de vitaminas B son imprescindibles para el buen funcionamiento del cerebro y del metabolismo corporal. Entre ellas una de las más conocidas es el ácido fólico o la vitamina B_9, la cual se toma durante el embarazo para prevenir las malformaciones congénitas del bebé. También participa directamente en mantener las células y los tejidos sanos. La principal fuente es la verdura de hoja verde como las espinacas. La vitamina B_6 actúa como coenzima para la formación de serotonina, hormona que juega un papel clave en nuestro estado anímico y en nuestra calidad del sueño; así como en el buen funcionamiento de las células nerviosas. Otra vitamina muy importante es la B_3, ya que resulta primordial para nuestro estado energético. Sin ella va a ser imposible tener energía celular, lo que revierte en cansancio e incapacidad para desintoxicar y regenerar el tejido. La vitamina B_7, por su parte, conocida también como biotina, se relaciona con la calidad del pelo, la piel y las uñas, así como por su participación en la ß-oxidación de las grasas. Las principales fuentes para estas tres vitaminas son la carne y el pescado, aunque también podemos encontrarlas en algunas frutas, verduras y frutos secos.

Los minerales, básicos

Un mineral que presenta una gran cantidad de propiedades es el zinc, segundo en cuanto a cantidad en el organismo solo por detrás del hierro. Tiene que ver con la calidad del esperma, es un antioxidante vital para nuestro organismo, optimiza la respuesta de nuestro sistema inmunitario, participa en la regeneración de tejido, tiene que ver con la calidad de los sentidos del gusto y del olfato. Su principal fuente la encontramos en los productos del mar.

En los países desarrollados, con nuestros hábitos nutritivos estamos desestabilizando la balanza entre dos minerales que juegan una función muy importante en la transmisión del estímulo nervioso. Se trata de la relación entre el sodio y el potasio, la cual óptimamente debería de ser de 5 g de sodio por 3,5 g de potasio (2/1), mientras que esto hoy día se ha transformado en 20/1. El sodio se encuentra en la sal, en los envasados y en los productos procesados, mientras que el potasio lo encontramos en la carne, el pescado, la fruta y la verdura fresca. La consecuencia de este desequilibrio la padecemos a diferentes niveles: el riñón sufre por exceso de sodio generando como consecuencia hipertensión, mayor facilidad para la aparición de contracturas musculares y el sistema nervioso puede estar más excitado, apareciendo síntomas como ansiedad o mayor sensibilidad al dolor.

Nuestros riñones para funcionar bien necesitan, a parte de una buena hidratación, una óptima presencia de minerales. Esto lo podemos conseguir gracias a la ingesta de fruta y verdura ya que son las principales fuentes de potasio y de magnesio.

Para hablar del calcio, mitos sobre la leche

El calcio es otro mineral conocido por todos y que lo relacionamos con la calidad de nuestros huesos. Así es: el calcio, junto con la vitamina D, que actúa fijando este, van a ser muy importantes para que nuestros huesos tengan una buena salud. Hoy en día centramos todos nuestros esfuerzos en ingerir nutrientes con alta cantidad de calcio, y ahí ¡zas! Aparece la leche de vaca como nuestra gran amiga, ya que sin ella parece que los niños no puedan crecer y que las mujeres después de la menopausia se vayan a descalcificar inevitablemente.

Pues resulta que ¡no!, y rotundamente no. Con explicarte brevemente el mecanismo mediante el cual los huesos se mantienen en óptimo estado lo entenderás todo.

Los huesos actúan como principales tampones liberando calcio cuando nuestro cuerpo está ácido. Ya vimos que la acidez es uno de los pilares claves, ya que si nuestro cuerpo se acidifica, sufre carencia de oxígeno y, por tanto, nos arriesgamos mucho a padecer problemas de salud. Recuerda que la acidificación puede surgir por no ingerir agua, comer solo nutrientes ácidos y padecer situaciones de estrés. Tener algo de acidez puntual después de correr 10 km forma parte de la fisiología. Ahora bien, estar en un ambiente ácido las veinticuatro horas del día no le cuadra nada a nuestro cuerpo.

En consecuencia, si la nutrición es mala, no llevamos una hidratación óptima, no disfrutamos de cierta tranquilidad, no nos movemos y no nos da el sol, la osteoporosis está servida. Cuadra bastante más que el hueso dependa de todos estos factores que de beber leche o no, aunque nos quieran hacer creer lo contrario (por intereses económicos varios).

Es más, las fuentes más biodisponibles (más fácil de absorber) de calcio son verduras de hoja verde como la col y el brócoli; mientras que la leche (siempre nos refe-

rimos a leche de otra especie, nunca a la materna) justamente se caracteriza por ser un nutriente ¡ácido!

Ya que estamos, vamos a acabar de rematar el tema de
la leche, siempre tan controvertido. Aparte de su acidez
y su poca contribución a la calidad del hueso, analicemos
sus tres macronutrientes: Su principal proteína se llama
caseína, la cual puede generar intolerancia y se caracteriza
por inducir a la producción de moco. La grasa es del tipo
ácido linólico, omega 6, la cual, como ya vimos en las grasas, no nos interesa especialmente. Y su carbohidrato, quizás el más conocido, es la lactosa. Sustancia que debe estar
descompuesta en nuestro intestino por la lactasa, la cual
vamos perdiendo con el paso de la edad (es decir, la lactasa
la tenemos mayormente en los primeros años de vida para
digerir la leche materna), generando así incapacidad para su
descomposición e irritabilidad intestinal.

La gente que dice que va bien de vientre, lo cual se traduce en ir corriendo al lavabo después de tomarse el cortadito de por la mañana, que piense más bien en una situación de irritación.

Por último, plantéate una cuestión biológica: ¿por qué
será que somos el único mamífero que continúa bebiendo
leche de otra especie después del amamantamiento?

TRES MENÚS
PARA LOS TRASTORNOS
MENSTRUALES

Los trastornos asociados a la regla como dolores premenstruales y reglas abundantes y dolorosas son muy frecuentes hoy en día entre las mujeres. Nuestra función intestinal y hepática participan indirectamente para que haya una buena regulación de las hormonas sexuales, así que deberíamos mejorarlas. Los menús que presentamos a continuación prestan especial atención en incrementar la cantidad de grasa buena y en nutrientes antiinflamatorios.

PRIMER MENÚ

Gazpacho de sandía con jamón

Ingredientes para dos personas:

¼ de sandía
2 tomates maduros
¼ de cebolla pequeña
1 diente de ajo
¼ de pepino
¼ de pimiento rojo
50 g de jamón ibérico
Flor de sal
Pimienta
Aceite de oliva
1 cuchara sopera de vinagre de Jerez

Preparación:

Cortamos y despepitamos la sandía, pelamos los tomates, el pepino y la cebolla.

Cortamos todo con el pimiento en trocitos y lo ponemos dentro de una Thermomix o un vaso para triturar con túrmix.

Le añadimos la sal, la pimienta, el vinagre y poco a poco agregamos el aceite mientras vamos triturando la verdura.

Si quedase demasiado espeso, le añadiríamos un poco de agua, aunque la sandía ya proporciona suficiente agua para este gazpacho. Probamos de sal y terminamos el plato con unas virutas de jamón no muy grandes para poder comerlas a la vez que bebemos el gazpacho.

Fajitas de lechuga romana con boloñesa y guacamole

Ingredientes para dos personas:

1 lechuga romana o larga
500 g de carne picada de ternera ecológica
4 cebollas
4 dientes de ajo
3 zanahorias
7 tomates maduros
1 diente de ajo
1 rama de apio
1 pimiento verde
½ hoja de laurel
Tomillo fresco
Comino
2 aguacates
Cilantro
Unas gotas de limón
Flor de sal
Pimienta

Preparación:

Pochar el ajo y la cebolla. Una vez pochado, añadimos la zanahoria, el apio y el pimiento. Hacemos la carne picada vuelta y vuelta en la plancha y después la añadimos a la verdura pochada. Seguidamente lo condimentamos con una pizca de comino, hojas de tomillo picado, tomate despepitado y rallado, la hoja de laurel, y salpimentamos. Taparemos la olla para que el vapor se quede y, junto con el tomate rallado, se haga una salsa, y así cocemos lentamente nuestra boloñesa durante unos 20 minutos y a fuego muy bajo. No añadiremos nada de líquido ya que queremos que nos quede espeso para poder rellenar las fajitas de lechuga.

Durante este tiempo pelamos y troceamos dos tomates maduros a trozos muy pequeños, le añadimos media cebolla también cortada en trocitos muy pequeños y después incorporamos dos aguacates que iremos chafando con un tenedor, mezclándolo todo. Finalmente añadiremos unas hojas de cilantro picado, unas gotas de limón y terminamos salpimentando y añadiendo aceite de oliva generosamente.

Una vez tengamos tanto la boloñesa como el guacamole, solo faltará lavar unas hojas grandes de lechuga para ir rellenándolas de la cantidad de carne y guacamole que queramos.

• Fruta.

SEGUNDO MENÚ

Ensalada de lechugas, aguacate, naranja, cebolla tierna y jamón

Ingredientes para dos personas:

1 lollo rosso
1 escarola
1 hoja de roble
Canónigos
2 aguacates
1 naranja
1 cebolla tierna
100 g de jamón ibérico
50 g de nueces
25 g de piñones
Flor de sal
Vinagre de manzana
Aceite de oliva

Preparación:

Si lavamos y centrifugamos bien la lechuga podemos tenerla unos días sin que se estropee en la nevera. Si no se quiere o no se puede tanta diversidad elegimos un tipo de lechuga.

Vamos colocándola en una fuente, pelamos y cortamos

los aguacates y las naranjas; la cebolla también la cortaremos en finas rodajas y lo ponemos todo encima de la lechuga. Condimentamos la ensalada y acabamos el plato con las nueces troceadas, los piñones y el jamón ibérico coronándola.

Ventresca de atún con espárragos trigueros y cebolla pochada

Ingredientes para dos personas:

400 g de ventresca de atún
8 espárragos verdes
2 cebollas
2 hojas de albahaca
Flor de sal
Aceite de oliva

Preparación:

Hemos propuesto ventresca de atún porque, aunque sea más cara, es mucho más favorable para este tratamiento ya que tiene más grasa intramuscular. Sacar el atún de la nevera ya que lo vamos a cocinar poco; de esta manera no nos quedará frío por dentro.

Pochar la cebolla. Mientras tanto, escaldar los espárragos en agua hirviendo durante 3 minutos o comprobar clavando la punta de un cuchillo. Cuando la cebolla esté pochada, añadir los espárragos en la cebolla unos minutos más con las hojas de albahaca picadas. Marcar el atún (previamente condimentado) vuelta y vuelta con la sartén muy caliente. Acabar el plato con un chorro de aceite de oliva crudo abundante.

Plátano con chocolate caliente

Ingredientes para dos personas:

2 plátanos
100 g de chocolate 75% cacao

Preparación:

Poner el chocolate al baño María para que se deshaga; mientras, cortar el plátano en rodajas y colocar en un plato. Cuando el chocolate esté deshecho ya está listo para rociar por encima del plátano.

TERCER MENÚ

Crema de aguacate con langostinos y fresas

Ingredientes para dos personas:

3 aguacates maduros
¼ de cebolla
Cebollino
Limón
6 langostinos
6 fresas
1 vaso de agua
Flor de sal
Pimienta
Aceite de oliva

Preparación:

Pelar los aguacates y ponerlos en un recipiente para triturar junto con la cebolla, el agua, unas gotas de limón, la sal, la pimienta y un chorro de aceite de oliva. Mientras, pelamos y marcamos los langostinos en una sartén a fuego medio-alto unos segundos por cada costado y cortamos las fresas en rodajas finas. Colocamos la crema de aguacate en un plato hondo y encima disponemos los langostinos y las fresas a nuestro gusto, también el cebollino picado, y terminamos con otro chorro de aceite de oliva virgen.

Tartar de carne de potro y calabaza
a la plancha

Ingredientes para dos personas:

400 g de solomillo de potro
2 chalotas
2 cucharaditas pequeñas de pepinillos picados
2 cucharaditas pequeñas de alcaparras picadas
Mostaza
Perejil
Brandy
Salsa Perrins
Yema de huevo
Aceite de oliva
Flor de sal
Pimienta

Preparación:

Cortar la carne en lonchas finas. Después, cada loncha cortarla en tiras, y de esas tiras cortar cubitos muy pequeños, pero evitar picar la carne. Cortar las charlotas o cebollas también en pequeños cubitos, así como los pepinillos y las alcaparras. Estos, si los picamos en vez de cortarlos, tampoco es tan importante. En un cuenco pondremos media cucharadita de postre de mostaza, lo mismo de brandy y de Perrins, una cucharadita de perejil picado, el pepinillo, la chalota, las alcaparras, la yema de huevo, la sal y la pimienta y, con la ayuda de un tenedor, mezclamos todo con una cucharada de aceite de oliva y cuando tengamos una especie de vinagreta homogénea añadiremos la carne cortada, seguimos mezclando con el tenedor y ya estará listo para comer.

- Pieza de fruta.

«Somos cazadores-recolectores
fuera de contexto.»

5

Recupera el circuito de la recompensa, ¡y a disfrutar!

LA IMPORTANCIA DE LA NECESIDAD PARA EL CAMBIO

Como ya adelantábamos en el primer capítulo, nuestro cerebro funciona con un circuito neurológico tal que, cuando comemos, bebemos, hacemos ejercicio o tenemos contacto físico, nos libera unas hormonas especialmente diseñadas para producirnos bienestar.

Pero debemos recordar la diferencia entre las recompensas naturales y las no naturales. Hoy en día, el uso habitual de fuentes de azúcar (bollería, productos industriales, edulcorantes...) acompañado de otras carencias nutritivas, la pérdida de la sed de agua, así como el sedentarismo y la desaparición de la libido, hace que nuestro circuito de la recompensa haya perdido su sensibilidad por las recompensas naturales y reclame de manera constante las no naturales.

Tras la subida, viene la bajada

Entre ellas, además del azúcar, encontramos también las drogas, el tabaco, el alcohol, la ludopatía, el cibersexo... Y como ya dijimos, las recompensas no naturales son aquellas que te dan un chute de energía pero que, a continuación, te dan el bajón, y como consecuencia tu cuerpo te pide más para poder volver a sentir esa sensación de bienestar virtual.

En definitiva, que te acabas enganchando con tal de sentir algo de placer, aunque de antemano sabes que eso no te conviene porque te hace daño y después más dura será la caída. Es como si por la mañana te pusieras un zapato de un número menos para por la noche sentir el placer de quitártelo.

Recuperar nuestras recompensas naturales será la clave para sentir ese equilibrio energético y esa vitalidad que nos ofrezcan un bienestar real. En este capítulo aprenderás cómo, pero antes de llevarlo a cabo, tienes que tener una cosa en cuenta: la motivación para el cambio va a surgir desde el momento en que haya una necesidad para ello. Es alucinante ver cómo una mujer a la que se plantea una boda a tres meses vista puede conseguir perder peso de forma impresionante, o dejar de fumar en cuanto se queda embarazada.

Busca tus razones ahí al fondo

Es por eso que cada cual debe buscar dentro de sí mismo el motivo por el que quiere generar un cambio. A todo el mundo le gusta verse bien, que le entre la ropa, que le digan piropos... pero solo con eso no es suficiente. Debes encontrar tu motivación endógena, algo muy relevante para ti que te permita inducir a un cambio de costumbres.

Eso solo se consigue cuando se genera una necesidad perentoria. Entonces aparece la motivación y, por ende, se despierta la voluntad.

Si no lo necesitas, si estás bien como estás, ni te lo plantees, de veras: quédate como estás, porque vas a recaer a la mínima y a volver a tus costumbres automáticamente.

Si consideras que no está roto, no lo arregles.

Pasito a pasito se llega al final del camino

Eso sí, cuando tengas claro el motivo, plantéate el mínimo cambio, no todo de golpe, porque sería el inicio del fracaso.

De todas las posibilidades que te damos, un mínimo cambio puede ser beber más agua en vez de bebidas azucaradas, o bien comer más pescado, verdura, fruta... o bien empezar a hacer ejercicio en ayunas... Pero nunca acometerlo todo de golpe. Uno a uno, vas superando retos, y cuando ya tienes el primero interiorizado, e integrado en tus hábitos de vida, cuando ya no te supone esfuerzo a diario, entonces puedes empezar con otro objetivo, no antes.

Primer cambio: «Yo no tengo sed»

Esto es antinatural. Como ya vimos en el capítulo 3, tenemos que recuperar esta maravillosa recompensa natural que supone sentir sed al beber agua. Para ello te planteamos la siguiente estrategia: «La técnica del desierto».

Imagínate por un momento que pasas tres días en el desierto con un calor sofocante sin poder tomar ni una sola gota de agua. Y el tercer día, muerto de sed, encuentras a un mago que te da a elegir entre agua o cola (sirve poniendo tu bebida favorita). ¿Qué beberías?

Sí, en efecto, elegirías el agua, sin lugar a dudas. Y, además, siente por un instante el placer que te llegaría a dar, increíble ¿verdad? Pues bien, esto es lo que pretendemos simular con esta técnica. No hará falta que te vayas al desierto, ni que estés tres días sin beber, ni que aparezca un mago. Se trata de estar un día entero sin beber ningún líquido, ni tomar frutas jugosas ni infusiones ni nada que tenga que ver con hidratación, hasta el final del día, momento épico en que podrás beberte la cantidad de agua que quieras en función de tus necesidades.

Si aparece antes la sensación de sed, podemos adelantar la ingesta de agua, pero recomendamos que esta sensación sea fuerte e incluso que, al sentirla, esperemos un rato más para beber con ganas (no vale con un «parece que siento un poquito»). O, al contrario, si al llegar la noche todavía no ha aparecido, nos podemos esperar al día siguiente. Verás cómo entonces sí que aprecias lo que es la sed de veras. Esta técnica la puedes practicar una vez cada diez días hasta que sientas que has recuperado la SED.

¿Un vaso al día?

Si llevas bebiendo un vaso de agua por día en los últimos diez años, ahora tampoco pasa nada porque te plantees no ingerir ni un líquido durante un día con tal de provocar la aparición de la sed. No se trata de que bebas agua sorbito a sorbito, con la botella todo el día a tu lado y sin sed, porque a la mínima que te olvides lo vas a dejar de hacer.

Advertencia: Que a nadie se le ocurra llevar a cabo esta técnica en pleno mes de agosto, por favor, ya que puede sufrir una deshidratación.

El deporte te invita a beber

El ejercicio también puede ser de gran ayuda para recuperar la sed. Se trata de no ingerir nada de líquido a lo largo de la actividad física, siempre que esta no supere la hora de duración, para, al final, ingerir agua con una bonita sensación de sed. Es decir, para aquellos que no tienen sed, en vez de ir con la botellita e ir dándole sorbos cada diez minutos, no beberán sino que esperarán al final para beberlo todo de golpe, ¡con sed!

En definitiva, en esta primera recompensa el objetivo sería que en tu balance hídrico (cantidad de diferentes líquidos que ingieres) predominara el agua por encima de todo lo demás, exceptuando alguna infusión, algún zumo de frutas y/o verduras. Atención: no abusar de los jugos aquellos que deseen perder peso ya que concentramos la glucosa y se transforma más fácilmente en grasa. Se puede tomar algún café puntual (máximo uno al día) después de la comida, sin azúcar o con miel ecológica si lo necesitas.

El resto de bebidas se recomienda no tomarlas a diario. Dentro de ellas podríamos hacer excepción con el vino, del cual podríamos tomar una copita al día teniendo en cuenta que la suma total de líquidos fuera equilibrada: Entre 1-2 litros de agua al día, de una a tres infusiones (quien quiera más, adelante pero sin endulzar)... y todo ello con sed. Si beber agua te supone ir dándole sorbos cada vez que te acuerdes, es que no lo estás haciendo bien.

Principales enemigos

1) *El café con leche de la mañana.* Sí, es obvio que en estos momentos es difícil dejarlo ya que te da el primer impulso energético matutino. Algo normal, porque estamos en un estado letárgico o en un ambiente inflamatorio, y se convierte en tu única forma de tener energía. Pero, lamentablemente, la suma de buena mañana de café, leche y azúcar es una de las combinaciones que más acidez puede generar en tu estómago. Si no te parece muy difícil, te recomendamos que lo dejes sin más, y si «lo necesitas» como el aire, pues antes de tomarlo, come algo de fruta. Y si puede ser, vete pasando al café sin leche y sin azúcar.

Una alternativa para ir dejando el azúcar es hacer uso de una miel de calidad. Verás cómo cuando consigas avanzar, rompes el ciclo y recuperas tu energía matutina sin tomar el café ni ningún excitante artificial.

2) *Las bebidas azucaradas.* Cuando crees que tienes sed y te apetece beber algo azucarado no tienes sed, desengáñate: tienes ganas de azúcar. Si no te apetece el agua, no bebas nada, mejor espera llegar al momento en que aparezca la sed. Esto no va a ser fácil, sobre todo para los que están muy acostumbrados a los carbohidratos refinados, porque a través de la comida o de la bebida van a recurrir a ellos para calmar las situaciones de hipoglucemia o bajada de azúcar que se nos presentan en forma de ansiedad, ganas de picar, de echarte algo a la boca.

Con la introducción de la paleodieta vas a ver cómo gracias a las grasas buenas puedes ir regulando esta sensación de hambre feroz. Más abajo, en el tercer cambio, lo explicamos más ampliamente.

Segundo cambio: Moverte en ayunas

Como ya adelantamos, almacenar grasa es algo coherente desde un punto de vista evolutivo. Se trata de la despensa que nuestro cuerpo genera por si acaso en algún momento nos quedamos sin comida, para asegurar la supervivencia. Pues bien, para poder movilizar toda esta grasa acumulada, no nos queda otra que enseñar a nuestro cuerpo a moverse con la barriga vacía o bien de buena mañana antes de desayunar, o bien cuatro horas después de la última comida. Es la única forma para vaciar la despensa y va a ser imposible si haces el ejercicio después de comer.

No tengas miedo a desmayarte o marearte. No tiene por qué pasarte nada si sigues el protocolo de las cinco sesiones: este consiste en realizar los siguientes cinco entrenamientos que tengas programados a una menor intensidad. Por ejemplo, si estás acostumbrado a correr a un ritmo de cinco minutos el kilómetro, lo harás a cinco treinta o a seis. O si lo normal para ti es ir a caminar durante cuarenta minutos, harás lo mismo pero solo durante veinte minutos. Es decir, disminuiremos la carga ya sea en intensidad o duración. Además te llevarás una botellita de agua y un plátano por si acaso te da el bajón (pero solo al principio y por si acaso).

Después de cinco sesiones, ya irás incrementando progresivamente hasta llegar a la carga a la que estabas acostumbrado, pero esta vez en ayuno. En ese momento se habrá hecho el clic necesario para que, ahora ya sí, tu metabolismo sepa usar esa grasa que te sobra como tu principal fuente de energía. Felicidades.

Principales enemigos

1) *La pereza.* Puede que te sientas sin energía, pero va a surgirte porque la llevas dentro, en cada michelín. Es muy fácil boicotear el ejercicio cuando te encuentras en casa tirado; tanto tu cuerpo como tu cerebro lo que se plantean es ¿para qué vas a moverte?, si no tienes ninguna necesidad dado que tu comida y tu supervivencia están aseguradas. Pero a corto plazo te lo agradecerán, y a largo,

muchísimo más. Hay que ir ejercitando el movimiento y repitiéndolo para crear el hábito, y es ahí donde tienes que recurrir a tu motivación personal, a tus objetivos.

Ahí se gestiona el momento crítico de decidir: «Voy o no voy.» Has de encontrar las fuerzas internas de nuestros ancestros, que se basaban en que si no iban, no comían. Ya por el mero hecho de moverte en ayunas, el cuerpo entiende que tiene que reaccionar para conseguir sobrevivir. Es un círculo vicioso; cuando repitas el ejercicio durante un tiempo, habitualmente de entre tres a seis meses, integrarás el ejercicio y la recompensa que produce como una parte de ti. Y a partir de entonces la motivación la encontrarás en la sensación de gustazo, alivio, energía y alegría que te generan las endorfinas al hacer deporte.

2) *Sesiones de ejercicio superiores a la hora y media.* El entrenamiento en ayuno también va a estar indicado para los deportistas aficionados y profesionales. Les va a servir para afinar su metabolismo de tal forma que su cuerpo tendrá una mayor capacidad para usar la grasa como fuente energética, proceso conocido como ß-oxidación, sacando con ello un mayor partido de su reservorio de glucosa.

NOTA: No obstante, si los entrenamientos son superiores a la hora y media, debemos estar ya muy acostumbrados a entrenar en ayuno o nos puede dar una importante pájara (estado en el que nuestro cuerpo se queda sin glucosa). Por eso, para estos entrenamientos de más larga duración, aconsejamos comer antes del ejercicio.

Tercer cambio: comer no más de tres veces al día

Pero ¿por qué? Muy sencillo: cuando comemos, nuestro organismo inicia la actividad del sistema parasimpático (aquel sistema que modula la digestión y el sueño, en contrapartida del sistema simpático, que modula las situaciones de estrés) llevando una mayor cantidad de sangre hacia el aparato digestivo con tal de favorecer una óptima reabsorción de nutrientes y así almacenar energía. O sea, que nuestro cuerpo se vuelca en este proceso diseñado para asegurarnos nuestra supervivencia.

Debemos saber que en ese momento nuestro organismo jamás se va a dedicar a regenerar ningún otro órgano ni va a destinar energía en generar ningún proceso de desintoxicación. No lo hace porque simplemente en ese momento hay cosas más importantes que hacer como almacenar energía.

Cuantas menos veces comes, menos envejeces

Por el contrario, van a estar presentes en momentos en los que no comamos, ni hagamos digestiones, dos proteínas muy importantes para nuestra regeneración y antienvejecimiento. A saber: tendremos mayores niveles de BDNF (Brain-derived neurotrophic factor), proteína relacionada con la regeneración del sistema nervioso, y mayor presencia de SIRT, proteína relacionada con mecanismos de antienvejecimiento y antiinflamación.

Y es que, como ya vimos, evolutivamente estamos diseñados para comer todo lo que podamos cuando hay comida y que se activen todos los sistemas de regeneración y supervivencia cuando no la hay.

Aquello que impacta negativamente en nuestra salud no es la cantidad de comida que nos comamos cuando toque, sino la frecuencia en que lo hacemos. Si comemos cada dos o tres horas, el problema es que nuestro pobre aparato digestivo se tira todo el día haciendo digestiones. Porque da igual que entre poco, la cuestión es que el cuerpo tiene que interrumpir todo lo que está haciendo y centrarse en digerir. De esta forma, impedimos la posibilidad de activar los procesos de antienvejecimiento y, por tanto, podemos afirmar que comer de una forma constante nos envejece.

No estreses a tu organismo

Por eso es algo totalmente incoherente comer cinco veces al día, porque estás estresando al cuerpo constantemente. Para que compares: imagínate que en el trabajo te pidieran que a las nueve de la mañana fueras a trabajar, trabajes media hora, vayas a descansar dos horas, vuelvas a trabajar dos horas más, vuelvas a tu casa a descansar otras dos horas, regreses a trabajar media hora más, otro descansito, dos horas más trabajando... y encima con poca carga de trabajo. ¿No te parece mejor trabajar cuatro horas seguidas con una carga de trabajo mayor que durante catorce horas intercaladas con un estrés brutal? Si tú te aburrirías y te agotarías, nuestros órganos también; déjalos que hagan tranquilamente una digestión de cuatro horas y luego descansen completamente hasta la siguiente comida.

Sáciate, pero de comida de calidad

Para lograrlo es necesario que cuando nos toque comer, la nutrición sea como os la estamos planteando: aproximadamente un 60% de proteína-grasa y un 40% de carbohidratos de calidad, de baja carga glucémica. La clave para sentir la saciedad hasta la siguiente comida y que así podamos estar de cuatro a seis horas sin necesidad de comer será la ingesta de grasa de calidad. Esta, como ya anticipábamos en el capítulo anterior, es la responsable de hacernos sentir saciados. Recuerda que la encontramos en el pescado azul, en la carne de alto valor biológico, en el aceite de oliva, en el aguacate y en los frutos secos.

Si quieres perder peso, desayunar coco junto con una infusión será una opción muy interesante. Ahora bien si esto no te convence porque estás acostumbrado a comer más cantidad, aquí te planteo diferentes posibilidades para poder elegir: fruta, frutos secos, jamón ibérico, salmón ahumado, aguacate, queso fresco de cabra o oveja, atún en aceite de oliva, huevos y para aquellos que se resistan a dejar el pan, pueden comprar torradas de trigo sarraceno que es una semilla y está libre de gluten y antinutrientes (aunque sin abusar).

Principales enemigos

El carbohidrato refinado. Estos enemigos atacan generando hambre química, que es muy engañosa. Comer pan, pasta, arroz o azúcares te produce una saciedad momentánea pero a las pocas horas necesitas picar algo más.

Esa forma de llenarnos en picos glucémicos nos obliga a necesitar comer a todas horas del día, pero no tienes hambre real, solo te apetece picotear para calmar tus ansias, y todos los picos en esta vida significan desequilibrio. Ahí nuestro circuito de recompensa se vuelve loco porque no obtienes un equilibrio energético ni en tu metabolismo ni en tu sistema nervioso central.

Para contrarrestar esto sirve la paleodieta, donde las grasas especialmente, junto con todo lo demás, te va a permitir ir sintiendo cada vez más esa sensación de saciedad real. Esto lo podemos comprobar con los bebés, los cuales dependiendo de la calidad y la cantidad de grasa que contenga la leche materna, tardarán más o menos tiempo en desear volver a comer.

Si quieres picar, fruta

Es habitual que, en el proceso de transición de cinco a tres comidas al día, sea imposible resistir sin comer nada a media mañana o a media tarde. Si te aparece el hambre ahí y no puedes aguantar, toma algo de fruta ya que es con lo que le vas a generarle menos trabajo a tu aparato digestivo. De la misma forma, si tienes algún bajón en una de las tres comidas y con la fruta no tienes bastante, puedes comer chocolate a partir de 75% de cacao o miel de calidad. Conforme vayas integrando esta forma de comer, verás como comer tres veces al día ya no supone ningún esfuerzo, al contrario, es lo que tu cuerpo te pide.

Incluso conforme vayas avanzando es posible que decidas saltarte alguna de las tres comidas del día ya sea por falta de tiempo o porque lo que hay para comer no te apetece. Al hecho de saltarte alguna de las comidas del día se le conoce como ayuno intermitente *(intermitent fasting)* y es justo en estos momentos donde se observan mayores niveles de las proteínas BDNF o SIRT, es decir, cuando ayunas es cuando se activa ¡la regeneración, el antienvejecimiento y la desinflamación de tu cuerpo!

Cuarto cambio: recuperar la vitalidad

La depuración de los diez días. Para darte un empujón que te anime a seguir adelante con ímpetu y buena voluntad al ver resultados rápidos, te regalamos esta estrategia antiinflamatoria. Consiste en comer durante diez días pescado blanco al horno o al vapor, cremas de cebolla, zanahoria y calabaza, y manzanas y peras al horno, inspirándote en las recetas del cocinero de la paleodieta Raúl Sánchez.

Para hidratarte, beberás agua y, si te apetece, puedes hacerte infusiones mezclando hierbaluisa, manzanilla y regaliz. En este período, retirarás incluso la carne, el pescado azul, los frutos secos y la verdura y la fruta cruda.

Estos diez días están muy indicados para cualquier persona que se sienta con la barriga hinchada, incluso con dificultad para digerir la lechuga o la fruta cruda después de comer. No es que sea malo comer estos nutrientes, lo que sucede es que tenemos el intestino inflamado y somos incapaces de hacer una digestión correcta. En definitiva, el objetivo es desinflamar el intestino dándole el menor trabajo posible. Es muy probable que en los primeros días aparezcan síntomas de desintoxicación como dolor de cabeza, náuseas, mareos, mayor cansancio matutino, aumento de flatulencias, flatulencias con olor... No te asustes, has iniciado un proceso de limpieza de toxinas y de desinflamación que, como resultado, arrojará la mejora de todos estos síntomas, además de deshincharte tu barriga.

Quizá la bajada de peso no sea espectacular, pero está garantizado que te lo vas a notar, y mucho, en la cintura y en tu estado de vitalidad. Después de los diez días ya podremos introducir el resto de nutrientes de la paleo-dieta.

«¿Cuándo se acabarán las flatulencias que huelen a muerto?»

Recuerdo un chico con treinta y dos años de edad que acudió a mi consulta con motivo de una migraña de diez años de evolución. No puedes imaginar la cantidad de medicamentos que llegaba a tomar diariamente con tal de poder continuar con su actividad diaria. Tras la entrevista, entendimos que el inicio de todo el proceso estaba relacionado con el momento en que se fue a estudiar a la universidad, fuera de casa, y, por tanto, haciendo un cambio radical en su forma de comer.

Valoramos la importancia de hacer una regeneración de su aparato digestivo con el objetivo de poder ir de vientre diariamente, cosa que en esos momentos no sucedía, más bien iba una vez cada dos o tres días. Después de quince días, empezó a ir de vientre a diario y, a partir de ahí, pudimos insistir en la depuración hepática. Hacerlo antes no tenía sentido ya que si estimulas el hígado pero no vas de vientre, lo que haces es saturar al cuerpo. El chico tuvo unos síntomas de desintoxicación muy fuertes, estuvo la primera semana con un dolor de cabeza más insistente, con un gran cansancio y con unas heces, cuando iba de vientre, de color oscuro y de olor muy fuerte. A partir de los quince días empezaron a mejorar progresivamente tanto los síntomas desintoxicativos como su migraña.

Cuando llevaba treinta días, un día me preguntó: «¿Cuándo se acabarán las flatulencias que huelen a muerto?» Alegaba que su mujer le iba a echar de casa. Le dije que llevaba mucho tiempo tomando medicamentos y tenía que entender que su proceso de limpieza requería más tiempo, y paciencia. Pero todo pasó, y no le echó, más bien al contrario, porque se encontraba mucho mejor a todos los niveles.

Si recuperas las recompensas naturales de beber agua, comer con hambre y solo nutrientes de calidad, tener ganas de moverte y de hacer el amor, podrás sentirte satisfecho de los cambios logrados, especialmente cuando partías de todo lo contrario y te sentías fatal. Con esto casi habrás cerrado el círculo y ahora bastará mantenerlo en tu vida cotidiana.

Quinto cambio: mantenerlo en sociedad

Al principio, en tu entorno social, cuando empieces a aplicar este estilo de vida, se te verá como raro, e incluso podrían burlarse. Pero luego, al ver que funciona, con los cambios físicos y vitales que verán en ti a corto plazo, esas burlas pasarán a ser admiración, te alabarán e incluso querrán imitarte, preguntándote cómo lo estás consiguiendo.

De todas formas, ya verás como no es tan difícil de llevar a cabo socialmente porque como estás pudiendo comprobar no se trata de ninguna dieta estricta, sino de entender cuál es la fórmula para que nuestro cuerpo se sienta lo mejor posible. Precisamente por eso conviene hacer las cosas bien un 80%, al igual que conviene saltárselo en un 20% comiendo y haciendo lo que nos apetezca.

Justamente el hecho de comer mal de vez en cuando te sirve para recordar lo que significan síntomas de inflamación como hinchazón, acidez, mala digestión, gases... y para tener ganas de volver a aquello que te ofrece bienestar. Es por eso que entre ese 20% y los trucos y consejos que te vamos a proponer en el séptimo capítulo, podrás incorporar la paleodieta a la típica vida social de estilo mediterráneo en pleno siglo XXI.

TRES MENÚS
PARA HACER
UNA DEPURACIÓN HEPÁTICA

Algunos de los síntomas que indican que tenemos un hígado sobrecargado son: cansancio y boca pastosa matutinos, pesadez en las digestiones, olor fuerte en las heces y en las flatulencias, y baja tolerancia al ajo y la cebolla. Los nutrientes claves por su acción depurativa son:

- Grasas de calidad que mejoran la función del hepatocito (célula del hígado).
- Cebolla, ajo, puerro y nutrientes de la familia que son fuentes de azufre.
- Alcachofa y cúrcuma, sustancias depurativas.
- Brócoli y familia de crucíferas, también desintoxicativas.

PRIMER MENÚ

Sopa de cebolla

Ingredientes para dos personas:

5 cebollas
5 dientes de ajo
Flor de sal
Pimienta

Preparación:

Pochar las cebollas y los ajos. Una vez pochados, ya los podemos triturar. Añadir agua en función de la consistencia que quieras. Poner sal y pimienta al gusto. Al final añadir aceite de oliva en crudo.

Calamares encebollados con cúrcuma y alcachofas

Ingredientes para dos personas:

4 cebollas
5 dientes de ajo
250 g de calamar grande por persona
1 calabacín
8 corazones de alcachofas
1 cuchara sopera de cúrcuma
Flor de sal
Pimienta
Aceite de oliva virgen

Preparación:

Pochar la cebolla y el ajo. Cuando esté terminando de pochar, añadiremos el calabacín cortado en medias lunas y los corazones de alcachofas por la mitad, volver a tapar 2 minutos más, quitar la tapa y agregar el calamar salpimentado y cortado en aros de 2 centímetros de grosor con la cúrcuma. El propio calamar desprenderá su jugo y lo dejaremos cocer todo junto durante 50 minutos a fuego medio. Rectificar de sal y, ya en el plato, echar un chorrito de aceite de oliva virgen.

- Pieza de fruta.

SEGUNDO MENÚ

Salteado de alcachofa con cebollita, ajo y nueces

Ingredientes para dos personas:

8 alcachofas
4 cebollas
4 dientes de ajo
50 g de nueces
2 hojas de albahaca fresca
Flor de sal
Aceite de oliva

Preparación:

Pochamos la cebolla y el ajo. Mientras, limpiamos las alcachofas sacando las tres primeras capas de hojas, no cortéis el tallo, solo pelarlo un poco con la ayuda de una puntilla; también cortar la punta de las hojas hasta la mitad y así sacar los pelitos que hay en el interior del corazón. Y las vamos metiendo en un cazo lleno de agua con unas ramas de perejil roto con las manos y unas gotas de limón para evitar que se oxiden. Cuando están todas limpias las ponemos a cocer unos 8 minutos. Después añadimos las alcachofas al pochado y lo dejamos todo a fuego medio durante 4-5 minutos. Añadir las nueces cortadas por la mitad y las hojas de albahaca. Terminar el plato con un chorro de aceite de oliva virgen.

Caballa al horno con ajetes, puerro, zanahoria y brócoli

Ingredientes para dos personas:

4 caballas sin cabeza y desespinadas
1 manojo de ajos tiernos
3 blancos de puerro
1 zanahoria
200 g de brócoli
Flor de sal
Aceite de oliva virgen

Preparación:

Pochar el puerro cortado por la mitad y en media luna, grosor de 1 centímetro aproximadamente. Cuando lleve unos minutos le añadimos los ajetes cortados en rodajitas y la zanahoria cortada también en media luna y trocitos finos. Mientras se pocha la verdura con un poco de flor de sal y la sartén tapada, revisamos el pescado de posibles restos de espinas, escaldamos el brócoli cortado en cogollos 10 segundos en agua hirviendo y lo añadimos a una fuente de horno con la otra verdura.

Finalmente, se coloca el pescado abierto y sazonado encima de las verduras. Lo metemos al horno precalentado a 180 ºC durante unos 7-8 minutos. Nuestra recomendación es hacer el pescado azul poco hecho, pero si lo preferís un poco más cocido, podéis ir probando un par de minutos más. Terminar el plato rectificándolo de sal y rociando un chorrito de aceite de oliva.

Macedonia con frutos del bosque y cacao

Ingredientes para dos personas:

2 rodajas de piña
1 kiwi
4 fresones
50 g de arándanos
50 g de frambuesas
50 g de almendras
Chocolate 75% cacao

Preparación:

Poner la tableta de chocolate al baño María. Mientras, pelar y trocear toda la fruta.

TERCER MENÚ

Carpaccio de calabacín con jamón ibérico

Ingredientes para dos personas:

2 calabacines
2 tomates
3-4 lonchas de jamón ibérico
20 g de uvas pasas
Rúcula
Aceite de albahaca
Flor de sal
Pimienta

Preparación:

Lavar y cortar el calabacín con la ayuda de una mandolina o cualquier utensilio para dejar rodajas bien finas. Disponerlas en el plato formando circulitos o como más te guste, pero sin tapar unas a otras. Escaldar los tomates unos segundos para poder pelarlos bien y sacar las pepitas, cortarlos en *brunoise* (cubitos pequeños) y colocarlos en la superficie del calabacín, así como la rúcula previamente lavada y seca, y las pasas.

Condimentar el plato con el aceite de albahaca, la sal y la pimienta con cuidado ya que por último tiraremos unas virutas de jamón cortadas finas.

Hamburguesa de carne ecológica con cúrcuma, parrillada de verduras y setas

Ingredientes para dos personas:

500 g de carne de ternera ecológica picada
2 huevos ecológicos
2 dientes de ajo picados
1 cucharada de cúrcuma molida
1 punta de cucharadita de comino molido
1 cebolla
1 calabacín
1 berenjena
200 g de setas frescas
4 alcachofas
Flor de sal
Pimienta
Aceite de oliva

Preparación:

Mezclar la carne picada con los huevos, los dientes de ajo picados muy finos, el comino, la sal y la pimienta. Reservar en la nevera mientras lavamos y cortamos las verduras para hacerlas en una parrilla o plancha. La cebolla la cortaremos en aros de 1,5 centímetros, así como la berenjena y el calabacín. Las setas, si son grandes, las cortaremos en cuartos o mitades y a las alcachofas les sacaremos las tres primeras capas de hojas de fuera y las podemos abrir por la mitad y así sacarle los pelitos del corazón. Ahora ya podemos ir colocando las verduras en la parrilla con la sal, la pimienta y la cúrcuma, siempre comprobando que no se nos queman y asegurándonos de que se hacen bien por los dos lados. Cuando le quede poco a la segunda cara de las verduras pondremos las hamburguesas en una sartén caliente para cocinarlas unos 3 minutos de cada lado, dependiendo del grosor de las mismas y del punto de cocción que se desee. Siempre terminando el plato con aceite de oliva en crudo o, si lo conservamos, otro de hierbas aromáticas.

- Plato de frutas.

6

Maneras de cocinar saludables

La aparición del fuego

Sin duda la aparición del fuego supuso otro paso de vital importancia para nuestra evolución. No estamos hablando de la presencia de este por algún incendio natural sino de la posibilidad de «domesticarlo». Esta es una característica que diferencia a los seres humanos de los demás organismos. Los restos de hogueras más antiguas encontradas se sitúan en una cueva próxima a Pekín hace unos 500.000 años. El empleo del fuego cambió por completo la vida humana: pudimos empezar a calentar los alimentos, procuró luz en medio de la oscuridad y ofreció calor en cualquier momento.

Calentar los alimentos nos aportó una serie de beneficios que serían determinantes para un mayor desarrollo de nuestro cerebro. Los nutrientes cocinados tenían un tránsito digestivo más rápido y menos necesidad de desintoxicación, con lo cual gastaban menos energía y al mismo tiempo nos ofrecían una mayor disponibilidad de glucosa, cosa que a nuestro cerebro le sentó fantásticamente bien. El hecho de cocinar generó una mayor interacción social, lo que supuso un mayor desarrollo de los lóbulos frontales y los dientes se nos hicieron más pequeños.

PREMISAS A TENER EN CUENTA

- La proteína muy hecha pierde su valor biológico.
- La verdura y la fruta muy hechas pierden la mayor parte de las vitaminas hidrosolubles y los bioflavonoides. No resisten la temperatura. No obstante, cuando las cocinamos ofrecen otra serie de sustancias. Por tanto, tendremos que combinar tanto fruta y verdura cocinada como cruda.
- Cuando el sistema digestivo está inflamado y no tiene una buena función, puede tener dificultades para digerir la verdura cruda y la fruta después de las comidas. Si esto es así, os recomendamos inicialmente comer tanto la verdura como la fruta cocinada (véase los diez días de dieta depurativa y antiinflamatoria en el capítulo anterior).
- En general, la verdura y la fruta cruda son más recomendables por la mañana y al mediodía, mientras que por la noche es mejor tomarla cocinada ya que es más fácil de digerir.
- Una de las técnicas de cocción clave será pochar. Nos servirá para cocinar la cebolla, el ajo, el puerro y demás nutrientes de la familia sin necesidad de aceite de oliva. Lo describimos a continuación.
- No freiremos nunca un nutriente. Otra cosa será

cuando decidamos comernos unas croquetas o unos calamares a la romana, pero no será la norma. Los nutrientes fritos congestionan nuestro hígado.

- Si el aceite de oliva entra en contacto con calor, perdemos sus efectos beneficiosos. Al cocinar cualquier nutriente en la plancha, lo intentaremos hacer sin poner aceite de oliva o untando el mínimo con un papelito.

- No usaremos el microondas ni para cocinar ni para calentar ya que cambia la estructura molecular de los alimentos.

TÉCNICAS DE COCCIÓN POSIBLES

Las más usadas por orden de menor a mayor tiempo de elaboración

1. Cruda
El pescado al estilo japonés es un buen ejemplo de cómo tomar esta proteína totalmente cruda. De esta manera respetamos totalmente la calidad de la proteína.

2. Licuados de verdura cruda
Pasar la verdura cruda con agua, sal, aceite, vinagre. Ejemplos: gazpachos, salmorejo, ajo blanco.

3. A la plancha
Evita utilizar el aceite para hacer los alimentos en la plancha porque sería como freírlos, lo cual elimina las propiedades del aceite de oliva y se carga muchas de las ven-

tajas de las proteínas y las verduras. Cuando estrenas la plancha, es fácil porque el material es antiadherente, pero si no la cuidas mucho, al lavarla con la espuma del estropajo, enseguida se rallará y se te pegarán los alimentos. Si esto sucede, existen unas láminas antiadherentes de diferentes formas y tamaños que se acoplan a cualquier plancha o sartén de forma que puedas cocinar sin aceite ni grasa y luego basta con lavarlo, dejando la plancha limpia.

La plancha es ideal para cocinar proteínas que se pueden comer poco hechas: un trozo de atún, un filete de ternera, un huevo frito (pero sin freír) poniendo la plancha muy caliente e intentando hacerlos vuelta y vuelta para conservar el valor proteico. Las verduras también se pueden hacer bien sin aceite, dándoles un golpe de calor: zanahoria, calabacín, berenjenas, setas, parrilladas de verduras. Eso sí, le debes añadir después aceite en crudo.

4. Al horno

Para cocinar en el horno usaremos en la base papel vegetal o una base de verdura cruda o pochada, nunca pondremos aceite, ya que este freirá el nutriente. Podemos precalentar el horno a 250 ºC, pero cuando coloquemos el nutriente lo debemos poner a no más de 180 ºC. Conviene una cocción más lenta y de más larga duración. Esta técnica, al igual que la del vapor, nos permite cocinar aquellos nutrientes que requieren más tiempo de cocción, los que no podemos hacer a vuelta y vuelta en la plancha. Recomendamos usar el horno para cocinar sardinas, boquerones o caballas y así de paso nos ahorramos el olor que desprenden. Otros pescados blancos podrían ser merluza, dorada, lubina, rape... Las manzanas y las peras cocinadas al horno también son más fáciles de digerir, para cuando sea necesario.

5. Hervido

Consiste en cocinar los nutrientes en agua hirviendo. Podemos hacer huevos duros o huevos escalfados. Es también una buena forma para cocinar la verdura, aunque pierden más micronutrientes que si los hacemos al vapor.

6. Pochado en el wok o la sartén

La técnica del pochado es muy importante que la aprendáis bien. Como veréis en las recetas que os presenta nuestro chef, es una técnica que usaremos prácticamente a diario. Se puede hacer con otras verduras, pero cuando hablemos de pochar, nos estaremos refiriendo particularmente a cocinar cebolla, ajo, puerros y las demás verduras de la familia como cebollinos, ajo tierno... La cuestión es que este grupo de nutrientes son muy importantes para nuestra salud ya que contienen una alta cantidad de azufre, clave para la depuración hepática, y de prebiótico, sustancia que nutre a nuestras propias bacterias intestinales. Esta técnica nos permitirá usar estos nutrientes de manera abundante ya que cocinados así se vuelven suaves, dulces y sabrosos.

Aquellos que no toleran el ajo y la cebolla es porque su hígado está saturado y reacciona ante estos nutrientes. Empezar a comerlos pochados es una muy buena forma, ya que suavizará mucho su fuerte sabor y no generará esa reacción tan adversa.

El pochar consiste en cortar las cebollas a media luna, picar los ajos y trocear el puerro, añadir un poco de flor de sal y poner en el wok o en la sartén a fuego lento-medio (en la vitro corresponde al número 4) tapado para que con su propio vapor se vaya cociendo. La cebolla irá desprendiendo jugo al romper su membrana. Se deja 15 o 20 minutos hasta que está melosa. Si coge color oscuro, es que nos hemos pasado con el fuego alto. Todo este grupo de nutrientes azufrados nos servirá de base para una gran cantidad de platos, convirtiéndolos así en nutrición como medicamento.

7. *Al vapor*

En una olla pondremos agua hirviendo, y el vapor que desprende pasará a través de la rejilla de la olla superior cocinando el nutriente. Si tenemos tiempo está muy indicado, ya que cocinamos el producto a baja temperatura. Así podemos cocinar un trozo de merluza, salmón o rape; un pera o una manzana o cualquier tipo de verdura.

8. *Macerado*

Consiste en dejar las proteínas un tiempo en remojo con vino, vinagre, limón, especias o en una base de verdura cortada (en vino con zanahoria, cebolla, ajo y puerro). Lo más típico son los boquerones en vinagre, pero saliendo de nuestras fronteras nos podemos inspirar en las recetas de ceviche de pescados blancos, con limón, salpimentado, con unos pequeños trocitos de ajo o guindilla. También se puede hacer un macerado en salmuera (agua, vinagre y sal) o un *steak tartare* (carne macerada) que nuestro chef nos explica detalladamente en una de las recetas.

9. *En conserva*

A la hora de comprarlas son mucho mejores las comercializadas en bote de cristal que de aluminio, mejor si son de productores caseros, no de fábrica, y, en todo caso, mirar los conservantes: aceite de oliva, limón, sal, es decir, aquellos que sabes de dónde provienen. Pero los desconocidos, los conservantes, acidulantes, E-cientonosecuántos, es decir, todos los ingredientes artificiales, mejor evitarlos y dejar el bote en la estantería del supermercado.

Para hacer tus propias conservas en casa (compotas, mermeladas, vinagretas o verduras en aceite) debes poner bastantes precauciones para evitar bacterias que conllevan enfermedades graves. La limpieza y la frescura de las manos, los utensilios y los alimentos son imprescindibles; se impone esterilizar los vidrios y, una vez cocinada la conserva, se cierra el envase y se introduce en una olla a presión durante 20 minutos hasta que salga vapor, o al baño María una hora o dos, para sellarla al vacío. Hay que ponerles la fecha de envasado para acordarnos de consumirlas antes de un año, y almacenarlas en lugares frescos. Las carnes y pescados mejor confíaselas a expertos productores porque requieren muchas más medidas higiénicas.

Las técnicas menos habituales

1. *Confitado*

Se trata de cocer un alimento en grasa, algo que, contra lo que se podría esperar, está permitido en la paleodieta siempre y cuando el aceite se cueza a 60 ºC, en una olla y dejándolo un tiempo determinado según el tamaño de la pieza. Un lomo de bacalao suele estar en 20 minutos, controlándolo con el termómetro para que no llegue a hacer burbujas o a freírse. Y no te preocupes, no necesitas tirar el aceite tras cada confitado; al cocer con aceite sin quemar se puede reutilizar porque no pierde su composición. Eso sí, teniendo en cuenta que si confitas distintos alimentos, te cogerán el sabor del anterior.

2. Carpaccio

Muchas veces, precisamente con las piezas más consistentes, la mejor opción es preparar un carpaccio, ya sea de piezas de caza tal que: ciervo, jabalí, ternera, canguro, avestruz, etc., o de frutos del mar como: rape, calamares, gambas, bacalao, vieiras, atún, salmón, congrio, etc. Para hacer el carpaccio, la pieza grande debe congelarse fresca durante al menos cuarenta y ocho horas y después cortarla en lonchas muy finitas, sin pincharlo, para que no pierda la grasilla natural que le da el sabor.

Las lonchas se ponen en un plato y se aliña con aceite crudo de oliva, sal maldon y pimienta, jugo de limón si se desea o se le puede hacer una vinagreta con aceite de oliva y mostaza, por ejemplo. Se pueden hacer también carpaccios de verduras, aunque no es más que la verdura cruda laminada finamente y aliñada de manera similar.

3. Escabeche

Un buen conejo (sardinas, caballas o atún o lo que se te ocurra) se cuece al horno a 170 °C y después lo mezclas con verdura pochada, vinagre de Jerez, vino blanco, laurel, sal y pimentón rojo.

4. *Escaldado*

Esta técnica consiste en echar el producto al agua hirviendo, sacarlo al instante y pasarlo inmediatamente por agua fría para cortar la cocción. Esto sirve para acentuar el color y para que no se oxide.

Resumiendo

Para respetar el valor biológico de la proteína (carne, pescado y huevos), las cocinaremos:
- Cruda, macerada o en carpaccio: no cocinada o cocida con aliño.
- A la plancha: proteína que la podamos hacer a alta temperatura pero muy poco tiempo.
- Al horno o al vapor: proteína que necesita más tiempo de cocción y la haremos a menor temperatura.

Para comernos la fruta y la verdura:
- Cruda: recordar que así puede ser más indigesta. Mejor por la mañana y al mediodía.
- A la plancha: poco tiempo y a temperatura más alta. Al dente.
- Al horno o al vapor: indicado tanto para la fruta como para la verdura. Al vapor es una muy buena técnica para mantener una mayor presencia de vitaminas hidrosolubles y bioflavonoides. Al dente.
- Pochada: cocción lenta y más tiempo. Indicada para usar fuentes de azufre.
- Hervidas.

TRES MENÚS
PARA MEJORAR LA FUNCIÓN
DIGESTIVA

Si te notas uno o más de los siguientes síntomas: malas digestiones, barriga hinchada, flatulencias, dolor en la zona lumbar en barra, estreñimiento y diarrea, este «tratamiento» te vendrá de perlas. Los nutrientes especialmente importantes son:

- Cebolla y ajo por su acción prebiótica, sustancia que nutre a nuestra flora bacteriana.
- El prebiótico también lo encontramos en la calabaza, la zanahoria y en la pera y manzana cocinadas.
- Guindilla-pimienta: un poco de picante estimula la regeneración de nuestro sistema digestivo. Si nos pica la lengua, es que nos hemos pasado.
- Brócoli, cúrcuma y comino, antiinflamatorios intestinales.
- Hierbaluisa y manzanilla, hierbas digestivas.
- Zumo de limón como alcalinizante.

PRIMER MENÚ

Revuelto de verduras
y cebolla pochada

Ingredientes para dos personas:

2 huevos ecológicos
4 cebollas
200 g de brócoli
1 calabacín
4 dientes de ajo
1 trocito de guindilla
½ cucharita de cúrcuma
½ cucharita de comino
Flor de sal
Pimienta
Aceite de oliva virgen

Preparación:

Pochar la cebolla y el ajo. Aparte cortar el brócoli en cogollos y el calabacín en medias lunas y el grosor de una moneda, escaldar 10 segundos, escurrir y reservar. Cuando la cebolla y el ajo estén pochados, incorporar el brócoli y el calabacín, la pizca de guindilla, el comino, la cúrcuma y la pimienta.

Subir el fuego unos segundos mientras batimos los

huevos y seguidamente los echaremos encima de las verduras.

Bajar el fuego otra vez y mover con una cuchara de madera hasta que se cuaje, terminar con un generoso chorrito de aceite de oliva fuera de la sartén.

Rape al horno con puerro y ajo tierno

Ingredientes para dos personas:

2 medallones de rape de 200 g
    o colas de rape según preferencias y posibilidad
2 blancos de puerros
4 ajetes tiernos
1 cebolla
Perejil
Flor de sal
Aceite de oliva virgen
Vino blanco

Preparación:

Cortar el puerro, la cebolla y el ajete en rodajas, colocarlo todo en la bandeja de horno y ponerla sobre el fuego bajo para que empiecen a sudar las verduras con una pizca de sal, añadir el rape previamente salado y agregar un vasito de vino blanco. Meter en el horno a 180 °C unos 8 minutos. Al emplatar, añadirle perejil picado y un chorrito de aceite de oliva.

Peras al vino y hierbaluisa

Ingredientes para dos personas:

2 peras no muy maduras
200 cl de vino tinto
100 cl de agua
1 cuchara sopera de miel
1 cuchara de postre de zumo de limón
Piel de limón
Piel de naranja
Rama de canela
1 clavo de olor
1 rama de anís estrellado
1 manojito de hierbaluisa

Preparación:

Calentar en una olla (no muy ancha para que cubra las peras) el vino, el agua, el zumo de limón, la piel de los cítricos, las hierbas y especias. Cuando lleve unos minutos hirviendo, añadimos las peras en la olla, tapamos y dejamos cocer a fuego medio durante unos 30 minutos pinchando con una brocheta para comprobar si están cocidas. En crudo, podemos añadir la miel.

SEGUNDO MENÚ

Crema de calabaza

Ingredientes para dos personas:

500 g de calabaza
4 cebollas
4 dientes de ajo
Agua
1/3 de cuchara de postre de curry
Flor de sal
Pimienta

Preparación:

Pochar la cebolla y el ajo. En una olla aparte ponemos la calabaza troceada con agua sin que lo cubra, tapar y dejar unos 20 minutos. Una vez está tierna, la mezclamos con la cebolla y el ajo pochado, escurrimos el caldo y lo reservamos. Triturar la verdura añadiendo el caldo según la consistencia de crema que quieras, agregando también aceite de oliva, el curry y, al final, rectificar de sal y pimienta.

Corvina al vapor con estofado de calabacín y zanahoria con chili

Ingredientes para dos personas:

400 g de corvina
3 cebollas
1 calabacín
2 zanahorias
5 hojitas de cilantro fresco
1/8 de chili
Vino blanco
Laurel
Flor de sal
Pimienta

Preparación:

Ponemos a pochar la cebolla. Mientras, cortamos la zanahoria y el calabacín en dados de 2 centímetros de grosor, los agregamos al pochado con el chili, el laurel, el cilantro, la sal y la pimienta. Le volcamos un vasito de vino blanco, lo movemos y dejamos que se evapore el vino a fuego bajo. La cocción del pescado puedes hacerla en una olla al vapor aparte o puedes utilizar la de las verduras que se están haciendo.

Manzana al horno con canela y miel

Ingredientes para dos personas:

2 manzanas
½ rama de canela
Miel

Preparación:

Quitar el corazón de las manzanas, colocar en una bandeja con un poco de agua y meter en el horno previamente precalentado a 160 ºC durante 30 minutos. Al emplatar, añadimos canela en polvo y un chorrito de miel.

TERCER MENÚ

Crema de calabacín

Ingredientes para dos personas:

4 cebollas
1 blanco de puerro
5 calabacines
4 dientes de ajo
Flor de sal
Pimienta
Agua

Preparación:

Pochar la cebolla y el ajo. Una vez pochados, le añadimos el calabacín troceado en rodajas finas, una pizca de sal y pimienta. Cocer a fuego medio durante 15 minutos, escurrir el caldo reservándolo. Triturar con un chorro generoso de aceite de oliva, ir agregando el caldo según la falta de líquido y rectificar de sal.

Bacalao confitado,
puré de apio-nabo con cebolla pochada y zanahoria

Ingredientes para dos personas:

400 g de bacalao desalado
½ celery (apio-nabo)
4 cebollas
2 zanahorias
1 cuchara de postre de cúrcuma
Ajo
Flor de sal

Preparación:

Pelar y cortar el celery, hervir en agua con sal durante 20 minutos, colar y triturar con un chorro de aceite de oliva; reservar.

Pochar la cebolla y el ajo, añadir la zanahoria en rodajas finas para que no tarde mucho tiempo y añadir la cúrcuma, añadir agua si hiciera falta y tapar hasta que esté cocida la zanahoria. Cuando esté, mezclar con el celery y triturar. Ajustar de sal y aceite de oliva en crudo.

A la vez hemos puesto un cazo pequeño donde cabrán los trozos de bacalao cubiertos de aceite con un diente de ajo aplastado y unas ramitas de tomillo. Al confitar, el aceite no debe pasar de 60-65 ºC; lo comprobaremos al ver que el aceite está caliente pero no salen burbujas. Dejar así durante unos 14 minutos.

Manzana cocida en manzanilla

Ingredientes para dos personas:

2 manzanas
Miel
Manzanilla
Agua

Preparación:

Pelar las manzanas y cortar por la mitad; poner a hervir medio litro de agua con manzanilla. Poner las mitades de las manzanas dentro de la olla y cocer 10-15 minutos. Añadir la miel en crudo.

ACEITES ESENCIALES

Aceite de albahaca

Ingredientes:

1 litro de aceite de oliva
5 manojos de albahaca fresca

Preparación:

Preparamos una olla con agua y sal para escaldar. Separamos las hojas del tallo y, cuando hierva el agua, las metemos 4 segundos y las sacamos rápidamente con una araña de cocina y las sumergimos en otro recipiente lleno de agua fría con hielo, lo cual impedirá que se oxide la albahaca y así nos dure más el color verde intenso en el aceite. Una vez enfriada, pasados unos segundos secaremos totalmente las hojas de modo que no le quede ni una gota de agua. Ya secas, las cortamos un poco con un cuchillo para que no se enreden en la cuchilla del túrmix, donde finalmente las trituraremos cubierta de aceite. Cuando veamos que está bien triturada, añadiremos el aceite que resta y mezclaremos bien. Podemos mantenerla en alguna botella o recipiente para poder guardar mejor. Si hacemos bien el paso de secado de la hoja, alargaremos bastante el tiempo del vida del aceite.

Aceite de ajo

Ingredientes:

1 cabeza de ajo
1 litro de aceite de oliva

Preparación:

Proponemos dos formas para preparar el aceite de ajo.

La primera forma sería pelando los dientes de ajo, los cubrimos con aceite y los trituramos. Así tenemos un aceite que contiene el ajo crudo triturado; nos servirá para acabar algún salteado de setas o verduras, pero siempre recordando rociarlo fuera del fuego ya que al estar tan fino se nos quemaría enseguida. Solo con el calor del producto ya le bastaría para actuar.

La otra forma de hacer este aceite es confitándolo. Ponemos el aceite y los dientes pelados en un cacito de un tamaño óptimo para que los ajos queden totalmente cubiertos de aceite. Le daremos un poco de fuego, pero nunca debe subir de 60 °C de lo contrario el aceite perdería todas sus propiedades, así que vigilaremos con mucho cuidado la temperatura. En unos 20 minutos, lo reservamos y ya tendremos un aceite con el aroma a ajo y unos ajos confitados para cuando los necesitemos ya que los podemos guardar dentro del aceite para una mejor conservación.

Aceite de romero

Ingredientes:

1 litro de aceite de oliva
5 ramas de romero fresco

Preparación:

Este aceite lo podemos hacer igual con tomillo, salvia, estragón, orégano, jengibre...

Es la forma más simple pero también muy eficaz para tener un buen aceite esencial.

En un tarro de cristal introducimos la hierba, en este caso romero, lo cubrimos de aceite y tapamos. Los dejaremos de 1 a 2 meses en un lugar oscuro. A partir de los 15 días este aceite ya puede actuar como una substancia antinflamatoria.

7

La paleodieta aplicada
al estilo de vida mediterráneo

Aunque te cueste creerlo, la Paleodieta o Nutrición Evolutiva puede ser un estilo de vida en pleno siglo XXI porque no se trata de una dieta-obligación de la que intentarás librarte en cuanto alcances tus objetivos, con el consiguiente y típico efecto yoyó. En cuanto te des cuenta de los beneficios obtenidos no solo estéticos, sino a nivel de salud mental y fisiológica, sentirás la necesidad de continuar con ella para siempre, para optimizar tu calidad de vida.

Ten en cuenta que este estilo de vida sirve como base para mejorar cualquier tipo de problema de nuestro cuerpo o mente, aunque en función de la importancia de los trastornos o de los objetivos, se recomienda acudir a un especialista. En cualquier caso, para sentir el beneficio de este esfuerzo y de este estilo de vida, necesitas un mes, que no es mucho tiempo para tantas ventajas. Lógicamente, no desaparecen todos los síntomas de golpe, pero remitirán bastante. En función de cómo vayan esos síntomas, de los retos que hayas logrado y de lo que todavía quieras mejorar, a partir de ese mes inicial ya puedes integrar el aspecto social, englobando la paleodieta dentro de tu vida normal.

Seguramente, te estás planteando que lo más complicado es llevar a cabo esta dieta en un país mediterráneo, con la manera de relacionarnos que tenemos, en cenas, reuniones sociales, celebraciones y fiestas que giran siempre en torno a la comida. Es verdad, la sociedad no nos lo pone fácil, pero hay maneras de lograr que nuestra salud sea compatible con nuestra vida social y queremos darte algunos trucos para conseguirlo.

NADA ESTÁ PROHIBIDO... DE VEZ EN CUANDO

Ante todo, siente el alivio de que aquí no hay nada prohibido, es decir, durante cualquier reunión social, sea el fin de semana o entre semana, nos permitiremos comer aquello que nos apetezca respetando el sabor y el gusto y el placer social que los envuelve. Simplemente, ten cuidado de que esos «regalos» supongan un 20% de todas las comidas de la semana, generando así el equilibrio justo para llevar el otro 80% del tiempo con alegría.

Esta balanza es básica para poder experimentarlo como un estilo de vida, así que en lugar de sentir remordimientos por saltarte la dieta, tómate estos momentos como que lo estás haciendo bien porque el placer que te proporcionan te permite tomarte en serio los demás retos el resto del tiempo.

Si quieres ser muy respetuoso con la dieta incluso

en esas reuniones, te sugerimos organizarlas tú o, si son en casas ajenas, lleva cosas ricas que les gusten a todos y tú puedas comer. Por si no te alcanza la imaginación, en los pliegos de recetas te damos cantidad de ideas para sorprender a los amigos cuando cocinas tú con un montón de platos exquisitos de súper buen gusto siguiendo la paleodieta y generando un ambiente nutritivo de lo más favorable.

Lo bueno de este truco es que si no eludes la dieta esos días de cenas caseras siempre te queda ese 20% de permiso para cuando tienes que incumplirla por narices o por educación cuando vas de tapas, a un cumpleaños, a una inauguración con canapés, a casa de tu suegra, que insiste en los potajes seguidos de segundos platos hipercalóricos y tartas caseras.

Además, gracias a tus conocimientos nutricionales, dispones de muchos mejores criterios selectivos, en un restaurante, para escoger los nutrientes de las recetas que están más cercanas a nuestro estilo paleodietético. Si en vez de saltarte todos los ingredientes te saltas solo uno, pues eso que te evitas. No olvides que, cada vez que comes, ingieres o bien un antiinflamatorio o un inflamatorio. Y también puedes decidir no inflamarte o inflamarte mínimamente. Tú eliges, siempre. En casa es fácil, pero por ahí no tiene por qué resultarte mucho más difícil, existen bastantes opciones. Si te comes un bocadillo de beicon y queso, patatas fritas, con cola, te estás inflamando, lo cual tiene una repercusión sobre tu salud. Si te comes el bocadillo pero renuncias al refresco y te tomas una ensalada, te inflamas menos, y si te comes la ensalada con un filete de pollo de corral, no solo no te sentirás hinchado al día siguiente sino que encima estás consiguiendo un efecto antienvejecimiento. Se trata de conseguir que lo antiinflamatorio suponga un 80-90% de tu nutrición.

Si un día te apetece, inflámate, pero sin remordimientos. Es decir, si intoxicamos al cuerpo, lo intoxicamos a lo grande para no quedarnos con la espinita dentro. No importa, sin límites, pero una vez de tanto en tanto, no por norma, para que el cuerpo no esté continuamente estresado.

Imposible renunciar al sabor

Como buenos sibaritas, somos conscientes de que hay muchos alimentos que tienen un gusto impresionante y no forman parte de la lista de nutrientes antiinflamatorios y buenos para la salud, todo lo contrario. No obstante, estos días de «permiso» nos los vamos a conceder aunque nos inflamen, para quitarnos la gula.

De todas maneras, con sus recetas, el chef Raúl Sánchez va a demostrar que el sabor puede ser muy potente con los nutrientes aquí recomendados. El sabor, como buenos gastrónomos, es algo que respetamos mucho, por gusto y porque sabemos que ese será el secreto para convertir esto en tu estilo de vida. Para integrarlo es necesario que la comida te guste y que cada día sea un placer sentarte a la mesa, sin por ello dejar de respetar tu salud.

La costumbre del picoteo

Sabemos que el aperitivo antes de comer, el picoteo a media tarde mientras te tomas la cervecita o el vino con los amigos es un clásico al que es difícil renunciar. Y como no se trata de pasarlo fatal cada vez que sales, queremos darte algunas ideas para que piques sin saltarte la dieta a lo grande. Aceitunas con hueso, que tienen grasa omega 9, frutos secos no fritos ni salados, mariscos en conserva u otros frutos del mar; cebolletas, ajos, pepinillos en vinagre; crudités de verduras para untar con guacamole, babagonoush (paté de berenjena), gazpacho (con calabacín en lugar de pan para espesar), olivada, jamón ibérico, escalivada, queso de cabra con pasas y piñones en bolitas envueltas con hoja de acelga... Para que no te quejes de que con esta dieta no puedes comer nada.

Bebidas para la sobremesa

El agua con gas no sirve como bebida para hidratar, no puede sustituir al agua sin gas, pero por su contenido en bicarbonato puede servir para ayudar a digerir mejor comidas copiosas. Evita el café a diario todo lo posible y, si te lo tomas, que sea después de comer y sin endulzantes, con miel en todo caso. Hay una excepción que es después de una comilona social, ya que un cafecito te ayuda a mejorar el proceso digestivo porque potencia el efecto del jugo gástrico. Si no estás en un contexto social, sustitúyelo si puedes por infusiones de té o por cualquier otra hierba que te guste. Para infusionar, hierve el agua y échasela a la hierba en una taza o tetera y déjala reposar durante 20 minutos. Después retira la hierba para que no se oxide y ya tendrás el agua con la sustancia extraída.

Salsas para no comer a palo seco

Puedes echarle a lo que te apetezca, para darle sabor, aceite de oliva macerado con hierbas: de albahaca, romero, tomillo... Esto se hace macerando la hierba dentro del aceite. Además, ahí le puedes añadir algún diente de ajo y alguna guindilla. Otra opción es escaldar la hierba, que eso, como ya explicamos en el capítulo anterior, quiere decir echarla en agua hirviendo, sacarla al instante y pasarla por agua fría para cortar la cocción. Después cortaremos la hierba con un cuchillo para evitar que se enrede en el motor de la túrmix y la pasaremos por la batidora con el aceite crudo. El aceite de albahaca sale buenísimo haciéndolo de esta última forma que os hemos planteado.

Puedes hacer salsas con frutos secos, huevo, aceite, ajo y sal, harina de almendra para espesar si quieres; vinagretas de mostaza ecológica, frutos rojos o del bosque... Evita los frutos secos si quieres bajar de peso, porque es bueno para la salud pero son calóricos.

Bebidas alcohólicas más o menos «buenas»

Podemos tomar como máximo una copa de vino tinto al día, que contiene resveratrol, aunque lo recomendamos en el 10-20% de tu dieta semanal, no dentro de la rutina diaria, a poder ser. Es más saludable beber vino tinto antes que blanco porque este último contiene más azúcar, pero ambos provienen de la fermentación de la fruta, cosa que nos pertenece genéticamente mucho más que el cereal con el que está elaborada la cerveza, por lo que no es aconsejable.

El resto de los alcoholes, si los quieres tomar en celebraciones sociales, que sea muy puntualmente porque tienen muchas calorías y un porcentaje muy alto de alcohol. Y ten en cuenta que más vale beberse tres gin tonics en un día especial que un gin tonic cada tres días. Si te metes el chute alcohólico una noche, consigue dos suplementos naturales: zinc y vitamina B_6, que ayudan a metabolizar el alcohol de manera más favorable, te desintoxicarán mejor y te ahorrarán tanta resaca.

Trucos para hacer postres con ingredientes sanos y permitidos

Si lo de renunciar a los postres te cuesta, siempre hay una manera de cocinarlos más sanos para que al menos disfrutes del sabor sin dañarte el organismo con gluten y antinutrientes. Mírate las recetas de Raúl Sánchez y hazte con harina de coco, harina de almendra, zanahoria, plátano, miel, huevos ecológicos, limón, cacao y levadura en forma de probiótico en polvo.

A) Animales de agua

Pescado. Lo más relevante es evitar los de piscifactoría porque están alimentados con pienso de soja y de maíz. Pon especial atención cuando compres salmón, bacalao, dorada y lubina, o trucha, asegúrate de que están pescados en su hábitat natural.

• Blanco: lenguado, rodaballo, dorada, rape, gallo, lubina, pargo, sargo, caballa, gallineta, cazón, emperador, pez espada, rosada, merluza, bacalao, etc.

• Azul: conviene que predomine el pescado azul sobre el blanco por la alta cantidad de omega 3. Los pescados pequeños se alimentan de plancton, antioxidante contra los metales pesados, por eso tienen menos cantidad que el atún, que es depredador. En consecuencia, es mejor que predominen, y limitar una vez a la semana el atún, sardinas, caballas, boquerones, jurel.

• Frutos del mar: sepia, calamar, chipirones, almejas, mejillones, pulpo, moluscos, percebes, gambas, langostinos, cigalas, centollos, cangrejos (todo lo que se te antoje).

B) Animales de la tierra

• Carnes. De animales que se han movido, comido hierba y no pienso: pollo de corral, conejo, potro, ciervo, canguro, avestruz, ternera, cordero, cerdo ibérico, jabalí y carne de caza en general, y puntualmente, jamón ibérico.

- Huevos de corral.
- Vísceras: son muy buenas por su alto contenido en vitamina A, pero tienen una alta toxicidad cuando están mal alimentados, así que SOLO ECOLÓGICAS, que tienen un alto valor nutritivo, pero aun así, limitarlas a dos veces a la semana. Sirven las vísceras de carne o de pescado.

C) Verduras y frutas de calidad

Intenta que los vegetales provengan de un cultivo de mayor calidad, por ejemplo de los productores del mercado de la ciudad, que contengan menos cantidad de pesticidas, fertilizantes, conservantes y te ofrezcan la garantía y la confianza de que su cultivo es ecológico o biológico si es posible. Esto lo relativizamos porque existen muchos productores que por determinados motivos que no tienen que ver con la salud no han obtenido el certificado de «ecológico» oficial pero sus productos son orgánicos y sanos, e incluso más baratos que los etiquetados. Aunque no lo creas, cuanto más fea está la verdura y la fruta, más ecológica suele ser porque le han añadido menos sustancias conservantes, no como a esos tomates clonados del hipermercado que podrías confundir con caquis porque no saben a nada.

Si, dados nuestros recursos, solo podemos comprar una parte de la lista en el supermercado y otra en el mercado, haremos lo que podamos. Lo más importante es comer fruta y verdura, sea como sea, y progresivamente nos iremos aproximando a la de mayor calidad.

Como comprobarás, en los pliegos del cocinero de la paleodieta, Raúl Sánchez, nunca pueden faltar en casa cebolla, ajo, puerro, ya que estos servirán de base para casi todas nuestras recetas. En cuanto al resto de verduras, iremos variando entre setas, espinacas, calabaza, calabacín, zanahoria, lechugas varias, escarola, col lombarda, rúcula, canónigos, acelga, berenjena y pimiento, tomates, aguacates, brócoli, coliflor, coles de Bruselas... Reducir la ingesta de judías, guisantes y habas ya que se consideran una legumbre con presencia de saponinas.

Frutas de temporada: se recomienda la fruta de temporada, que es más sana, más fresca, más lógica y más barata. A continuación os presentamos una tabla con la fruta y la verdura de temporada.

Tabla de alimentos de temporada, según el cocinero Raúl Sánchez

Enero

En pleno invierno y tras las fiestas navideñas, las frutas y verduras constituyen un excelente método de desintoxicación del cuerpo tras los excesos habituales en esas fechas. Es buena temporada para los canónigos, las endibias, el hinojo, los puerros... En las frutas tenemos excelentes naranjas, pomelos, limones, mandarinas (últimas de la temporada), en definitiva, los mejores cítricos para buenos propósitos del año que comienza, sin olvidar las peras de agua. Las chirimoyas están en un excelente momento. Hay que sacar partido a la uva —que ya no tendremos el próximo mes—, con propiedades muy benéficas para la salud.

Febrero

Por lo que respecta a la fruta, aparece todo el año el aguacate, rico en vitamina C y E, ideal para las ensaladas. Durante el mes de febrero encontraremos buenos ajos tiernos, achicoria y chirivías. También dispondremos de grelos y espinacas frescas que podemos integrar en platos cocinados y ensaladas. Debemos aprovecharnos de las endivias y de otros muchos ingredientes que nos permitirán excelentes recetas. En frutas es buen momento para la manzana reineta y de los cítricos, el pomelo.

Buen momento para el besugo, los berberechos, las vieiras...

Marzo

Estamos en un mes de transición entre el invierno y la primavera. Hay que aprovechar que todavía tenemos endivias, coliflor, coles de Bruselas y lombarda, que ya dejarán de tener su época en el mes próximo. En frutas tenemos ya la estación de fresas y fresones de temporada, aunque en los mercados las encontremos desde hace algunos años mucho antes. También tenemos que darle la bienvenida a los tomates (entre ellos al tomate raf, de la vega almeriense).

Abril

Entramos ya en primavera y pueden encontrarse los primeros espárragos en los mercados. En general, los productos de mercado estacionales son muy similares a los del mes anterior. Los frutales siguen siendo los mismos y las hortalizas también. No obstante, hay que aprovecharse de que tenemos en las estanterías algunos productos: repollo, coles de Bruselas, coliflor, endivias, espárragos trigueros...

Mayo

Tenemos setas y el verano nos da ya algunos anticipos en forma de berenjenas... Pero donde más lo notamos es en la fruta: tendremos los primeros productos de una amplia variedad ligada a las buenas temperaturas: nísperos (uno de los primeros), albaricoques, ciruelas, cereza, sandía, melocotón (nectarinas), grosella, frambuesas, brevas... Hay que tener en cuenta que le diremos adiós el mes que viene a un gran número de verduras: alcachofas, apio, espinacas, calabacines, nabos, pimientos verdes y setas... Así que... ¡a por ellas! También es el último mes para los cítricos: limones, naranjas y pomelos.

Junio

Recordamos que del mes anterior traíamos ricos albaricoques y nísperos. A las puertas del verano le damos la bienvenida al ligero, refrescante y apetecible pepino y a los calabacines. Las frutas del verano están en un buen momento. Ya es posible encontrar las primeros melones (su temporada es de junio a septiembre, aunque podamos encontrar esta fruta todo el año), que se unen a las sandías, y las restantes están en su apogeo y esplendor. Pero debemos apresurarnos en consumir albaricoques, nísperos, grosellas, cerezas, frambuesas, fresas y fresones, dado que el mes que viene ya será difícil tenerlos en su estación.

Julio

En verano tenemos buenas lechugas, pepinos, tomates..., ingredientes de nuestro gazpacho. Con el calor, la sandía y melón están en su mejor momento, hidratantes y con propiedades para combatir el riesgo de deshidratación. También vamos teniendo acceso a los higos y, nuevamente, a la prodigiosa uva. La naturaleza es sabia y durante el verano nos proporciona frutas y hortalizas muy ricas en agua y en antioxidantes que nos ayudan a luchar contra el envejecimiento y son aliados contra determinadas enfermedades como el cáncer.

Buenos tiempos para comer anchoa, boquerón, sardina y bonito...

Agosto

Seguimos con buenas frutas de verano: melocotones, ciruelas, melones dulces y sandías. Las frutas de esta estación hay que disfrutarlas. Las manzanas o la piña, presentes durante todo el año, son también una buena opción para disfrutarlas con la canícula de multitud de formas. Será el fin de la estación del pepino, pero todavía es buen mes para nuestro gazpacho. También debemos agotar las sandías.

Septiembre

Este mes viene a ser una transición entre verano y otoño. Las verduras siguen siendo predominantemente las que teníamos en agosto. Debemos dar cuenta de los últimos melocotones. Hacia finales de septiembre ya es posible encontrar los cultivos de la nueva estación. Los cítricos existentes (naranja...) proceden de la importación.

Octubre

Con el otoño volvemos a recobrar multitud de verduras: endibias, alcachofa, apio, calabacín, coliflor, espinacas, calabazas, lombarda, pimientos rojos, repollo... Tenemos los membrillos. También llegan las ricas chirimoyas. Debemos aprovechar las últimas ciruelas (maduras y muy buenas). Y los cítricos buenos, de nuestra zona, empiezan a salir al mercado (atención a las primeras mandarias)... Y recuerde: hay que estar atento al inicio de la temporada de setas de otoño en las zonas más húmedas, conforme nos adentremos en el mes y dependiendo de la climatología del año... (véase recetas de setas).

Vienen ricos los percebes, cangrejos de río, vieiras...

Noviembre

Este mes es un paraíso para las verduras, la lista es la más amplia de todo el año. Es el reinado de las setas, los níscalos, y empiezan las trufas. A los que ya hicieron su aparición en el mes de octubre, se suman los cardos, coles de Bruselas, endibias, escarola, grelos, nabos... Las acelgas, setas, calabazas, el boniato, las cebollas... están en un buen momento. Una buena época del año para disfrutar de las verduras y compensar algunos excesos con otros platos de esta estación. También tenemos una excelente uva, decimos hola a buenas mandarinas y empieza una buena temporada para los cítricos en general (por ejemplo limones). Hay que aprovechar los últimos melones de la estación.

De pescados: besugo, merluza, salmón y boquerón. Carnes: de caza.

Diciembre

Sigue siendo una buena época del año para las verdulerías. En el mercado ya no encontramos setas ni pimientos verdes, y es el peor tiempo para los tomates de estación. Pero nuestra lista de hortalizas sigue siendo tan extensa como la del mes anterior. Muy buen mes para la escarola, el brécol, el apio. Los cítricos están en un buen momento (mandarinas, naranjas, pomelos, limas... de muchas variedades) e ideales para tomar contra los resfriados. También el plátano y las granadas. Los frutos secos de cosecha (almendras, nueces, castañas...) tienen uno de sus mejores meses.

Buen mes para el marisco si no fuera por los precios, que aumentan astronómicamente por Navidad. Carne de pavo y faisán.

D) Aceite de oliva y frutos secos

El uso del aceite de oliva en crudo está recomendadísimo. Si podemos conseguir un aceite ecológico prensado en frío, maravilloso. El prensado en frío se efectúa a una temperatura máxima de 60 °C, a continuación se decanta y se filtra antes de ser embotellado en botellas opacas y, de esta manera, no pasa por un proceso de refinado adicional. No obstante, si no pudiera ser, el aceite de oliva que tengamos también sirve.

Cuidado para los que quieran perder peso: nueces, nueces de macadamia, almendra y avellana cruda o tostada, piñones; pasas, ciruelas y dátiles (cuidado con estos tres últimos que tiene una mayor carga glucémica y si abusamos, engordan). Pistachos, cacahuetes y pipas... no, gracias.

TOP TEN NUTRIENTES

A la hora de hacer la lista de la compra, ten en cuenta esta lista de alimentos que nunca te pueden faltar en casa porque van a ser la base de todas nuestras recetas, y muchas más que te puedas inventar basándote en las propuestas de Raúl Sánchez, las formas de cocinar que ya te hemos descrito y todos los ingredientes que te estamos recomendando, especialmente estos que siguen, por sus propiedades curativas, que funcionan como los mejores sustitutos naturales de muchos medicamentos.

- Ajo
- Cebolla, puerro, chalotas...

- Cúrcuma
- Té verde
- Verduras crucíferas: brócoli, coliflor...
- Setas
- Tomillo, romero, albahaca...
- Jengibre
- Frutos del bosque
- Cacao
- Aceite de oliva
- Pescado azul
- Crustáceos
- Carne ecológica

¿Dónde hacer la compra?

• *En los mercados de la ciudad*, en los puestos de producción ecológica o natural, sin pesticidas ni productos químicos, ni transgénicos. Intenta enterarte en tu ayuntamiento de mercadillos o ferias de los productores locales para probar sus productos y quedarte con sus contactos, de modo que, si te gustan, puedas pedirles envíos o visitarles en una entretenida excursión de fin de semana para llenar la nevera.

• *Herbolarios, supermercados biológicos o con sección orgánica*. A veces el precio es más elevado, pero sobre todo, en cuanto a la carne y al pescado, es muy importante priorizar nuestro dinero en proteínas de calidad, incluso por encima de la fruta y la verdura. No creo que haga falta explicar por qué después de todo lo que ya sabes.

De todos modos, en algunas cadenas de supermercados ecológicos poseen su propia marca blanca que sale bastante económica. En los grandes hipermercados de marcas conocidas ya empiezan a haber secciones con productos ecológicos; infórmate siempre que puedas.

- *Tiendas «bio» on line que te envían cestas biológicas a casa.* De todas formas, no hace falta comprar toda la comida ecológica, con que sea sana, basta.

En todo caso, no se trata de ser radical en nada, sino de acostumbrarte a hacerlo todo por gusto, porque es lo mejor para tu organismo, para tu calidad de vida, para tu salud, para prevenir dolencias y enfermedades, y, en consecuencia de todo ello, para conseguir y mantener tu peso correcto, libre de grasas innecesarias, y un equilibrio psicológico que te traerá la felicidad de la forma más natural posible.

Bibliografía

Agmon-Levin, N., Bat-sheva, P. K., Barzilai, O., Ram, M., Lindeberg, S., Frostegård, J. y Shoenfeld, Y., «Antitreponemal antibodies leading to autoantibody production and protection from atherosclerosis in Kitavans from Papua New Guinea», *Annals of the New York Academy of Science*, septiembre de 2009; 1173: 675-682.

Aiello, L. C. y Wheeler, P. E., «The expensive-tissue hipótesis», *Current Anthropology,* 1995; 36: 199-221.

Baker, R. G., Hayden, M. S. y Ghosh, S., «NF-κB, inflammation, and metabolic disease», *Cell Metabolism*, 5 de enero de 2011; 13(1): 11-22.

Bendsen, N. T., Christensen, R., Bartels, E. M. y Astrup, A., «Consumption of industrial and ruminant trans fatty acids and risk of coronary heart disease: a systematic review and meta-analysis of cohort studies», *European Journal of Clinical Nutrition*, julio de 2011; 65(7): 773-783.

Berthoud, H. R., Lenard, N. R. y Shin, A. C., «Food reward, hyperphagia, and obesity», *American Journal of Physiology - Regulatory, Integrative and Comparative Physiology*, junio de 2011; 300(6): R1266-1277.

Boback, S. M. *et al.*, «Cooking and grinding reduces the cost of meat digestion», *Comparative Biochemistry and Physiology*, 2007; 148(3): 651-656.

Bowe, W.P., Joshi, S.S., Shalita, A.R., «Diet and acne», *Journal of the American Academy of Dermatology*, julio de 2010; 63(1): 124-141.

Brewer, C. J., Balen, A. H., «The adverse effects of obesity on conception and implantation», *Reproduction*, septiembre de 2010; 140(3): 347-364.

Broadhurst, C. L., Cunnane, S. C. y Crawford, M. A., «Rift Valley lakefish and shellfish provided brain-specific nutrition for early Homo», *British Journal of Nutrition*, 1998; 79: 3–21.

Calabrese, V., Cornelius, C., Mancuso, C., Pennisi, G., Calafato, S., Bellia, F., Bates, T. E., Giuffrida, Stella A. M., Schapira, T., Dinkova Kostova, A. T. y Rizzarelli, E., «Cellular stress response: a novel target for chemoprevention and nutritional neuroprotection in aging, neurodegenerative disorders and longevity», *Neurochemical Research*, diciembre de 2008; 33(12): 2444-2471.

Carpentier, Y. A., Portois, L. y Malaisse, W. J., «N-3 fatty acids and the metabolic syndrome», *American Journal of Clinical Nutrition*, junio de 2006; 83(6 supl): 1499S-1504S.

Carrier, D. R., Kapoor, A. K., Kimura, T., Nickels, M. K., Satwanti, Scott E. C., So, J. K. y Trinkaus, E., «The energetic paradox of human running and hominid evolution», *Current Anthropology,* vol. 25, n.º 4, agosto-octubre de 1984, 483-495.

Chakravarthy, Manu V. y Booth, Frank W., «Eating, exercise, and "thrifty" genotypes: connecting the dots toward an evolutionary understanding of modern chronic diseases», *Journal of Applied Physiology*, 2004; 96: 3-10.

Chaplin, G., Jablonski, N. G. y Cable, N. T., «Physiology,

thermoregulation and bipedalism», *Journal of Human Evolution*, 1994; 27: 66, 497-451.

Chen, J. D., «Evolutionary aspects of exercise», *World Review of Nutrition and Dietetics,* 1999; 84: 106-117.

Clark *et al.*, «Associated faunal remains indicate repeated, systematic butchery of hippopotamus carcasses», *Nature*, 12 de junio de 2003; 423(6941): 747-752.

Cordain, L., «Cereal grains: humanity's double edged sword», *World Review of Nutrition and Dietetics*, 1999; 84: 19-73.

Cordain L. *et al.*, «Fatty acid composition and energy density of foods available to African hominids: evolutionary implications for human brain development», *World Review of Nutrition and Dietetics*, 2001, 90: 144-161.

Cordain, L. *et al.*, «Origins and evolution of the Western diet: health implications for the 21st Century», *American Journal of Clinical Nutrition*, 2005; 81: 341-354.

Cordain, L. *et al.*, «Plant to Animal Subsistence Ratios and Macronutrient Energy Estimations in World Wide Hunter Gatherer Diets», *The American Journal of Clinical Nutrition*, 2000, 71: 682-692.

Cordain, L., Gostshall, R. W. y Eaton, S. B., «Physical Activity, Energy Expenditure and Fitness: An Evolutionary Perspective», *Journal of the International Society of Sports Nutrition*, 1998; vol. 19, pp. 328-335.

Cordain, L., Lindeberg, S., Hurtado, M., Hill, K., Eaton, S. B. y Brand-Miller, J., «Acne vulgaris: a disease of Western civilization», *Archives of Dermatology*, diciembre de 2002; 138(12): 1584-1590.

Costa Rosa, Luis F. B. P., «Exercise as a Time-conditioning Effector in Chronic Disease: a Complementary Treatment Strategy», *Evidence-Based Complementary Alternative Medicine,* 1 de junio de 2004; 1(1): 63-70.

Craig, W. J., «Health effects of vegan diets», *American Journal of Clinical Nutrition*, mayo de 2009; 89(5): 1627S-1633S.

Davis, C., Curtis, C., Levitan, R. D., Carter, J. C., Kaplan, A. S. y Kennedy, J. L., «Evidence that "food addiction" is a valid phenotype of obesity», *Appetite*, 3 de septiembre de 2011; 57(3): 711-717.

De Biasi, M. y Dani, J. A., «Reward, addiction, withdrawal to nicotine», *Annual Review of Neuroscience*, 2011; 34: 105-130.

DeFronzo, R.A., Bonadonna, R. C. y Ferrannini, E., «Pathogenesis of NIDDM. A balanced overview», *Diabetes Care*, 1992; 15: 318–368.

Du Plessis, S. S., Cabler, S., McAlister, D. A., Sabanegh, E. y Agarwal, A., «The effect of obesity on sperm disorders and male infertility», *Nature Reviews. Urology*, marzo de 2010; 7(3): 153-161.

Eaton, S. B. *et al.*, «Paleolithic nutrition. A consideration of its nature and Current implications», *New England Journal of Medicine,* 1985; 312: 283-289.

Egeland y Domínguez-Rodrigo, «Although it seems clear that hominids were utilizing stone tools to carry out subsistence activities unrelated to carcass butchery, more excavation and techniques such as phytolith analysis should be employed to explore alternative explanations», *Journal of Human Evolution*, diciembre de 2008; 55(6): 1031-1052.

Farhadi, A., Fields, J. Z. y Keshavarzian, A., «Mucosal mast cells are pivotal elements in inflammatory bowel disease that connect the dots: stress, intestinal hyperpermeability and inflammation», *World Journal of Gastroenterology*, 14 de junio de 2007; 13(22): 3027-3030.

Federico, A., D'Aiuto, E., Borriello, F., Barra, G., Gravina, A.G., Romano, M. y De Palma, R., «Fat: a matter of disturbance for the immune system», *World Journal of Gastroenterology*, 14 de octubre de 2010; 16(38): 4762-4772.

Ford, A. C. y Talley, N. J., «Mucosal inflammation as a potential etiological factor in irritable bowel syndrome: a systematic review», *Journal of Gastroenterology*, abril de 2011; 46(4): 421-431.

Foster-Powell, K., Holt, S. H. y Brand-Miller, J. C., «International table of glycemic index and glycemic load values: 2002», *American Journal of Clinical Nutrition*, julio de 2002; 76(1): 5-56.

Gallagher, E. J., Leroith, D. y Karnieli, E., «The metabolic syndrome-from insulin resistance to obesity and diabetes», *Medical Clinics of North America*, septiembre de 2011; 95(5): 855-873.

Garber, A. K. y Lustig, R. H., «Is Fast Food Addictive?», *Current Drug Abuse Reviews*, 1 de septiembre de 2011.

Ghafoorunissa, Ibrahim A. y Rajkumar, L., Acharya, V., «Dietary (N-3) long chain polyunsaturated fatty acids prevent sucrose-induced insulin resistance in rats», *Journal of Nutrition*, noviembre de 2005; 135(11): 2634-2638.

Guandalini, S., «Probiotics for prevention and treatment of diarrhea», *Journal of Clinical Gastroenterology*, noviembre de 2011; 45 supl: S149-S153.

Haber, S. N. y Knutson, B., «The reward circuit: linking primate anatomy and human Imaging», *Neuropsychopharmacology*, enero de 2010; 35(1): 4-26.

Han, J., Hamilton, J. A., Kirkland, J. L., Corkey, B. E. y Guo, W., «Medium-chain oil reduces fat mass and down-regulates expression of adipogenic genes in rats; *Obesity Research*, junio de 2003; 11(6): 734-744.

Henriksen, E. J., «Improvement of insulin sensitivity by antagonism of the renin-angiotensin system», *American Journal of Physiology. Regulatory, integrative and Comparative Physiology*, septiembre de 2007; 293(3): R974-R980.

Holick, M. F., «Vitamin D deficiency», *The New England Journal of Medicine*, 19 de julio de 2007; 357(3): 266-281.

Ji, Y., Sakata, Y. y Tso, P., «Nutrient-induced inflammation in the intestine», *Clinical Nutrition & Metabolic Care*, julio de 2011; 14(4): 315-321.

Johnson, R. J., Gold, M. S., Johnson, D. R., Ishimoto, T., Lanaspa, M. A., Zahniser, N. R. y Avena, N. M., «Attention-deficit/hyperactivity disorder: is it time to reappraise the role of sugar consumption?», *Postgraduate Medical Journal*, septiembre de 2011; 123(5): 39-49.

Jönsson, T., Granfeldt, Y., Ahrén, B., Branell, U. C., Pålsson, G., Hansson, A., Söderström, M. y Lindeberg, S., «Beneficial effects of a Paleolithic diet on cardiovascular risk factors in type 2 diabetes: a randomized cross-over pilot study», *Cardiovascular Diabetology*, 16 de julio de 2009; 8: 35.

Jönsson, T., Granfeldt, Y., Erlanson-Albertsson, C., Ahrén, B. y Lindeberg, S., «A paleolithic diet is more satiating per calorie than a Mediterranean-like diet in individuals with ischemic heart disease», *Nutrition & Metabolism*, 3 de noviembre de 2010; 7: 85.

Kaur, N., Chen, C. C., Luther, J. y Kao, J. Y., »Intestinal dysbiosis in inflammatory bowel disease», *Gut Microbes*, 1 de julio de 2011; 2(4): 211-216.

Keukens, E. A. *et al.*, «Molecular basis of glycoalkaloid induced membrane disruption», *Biochim Biophys Acta* 1995; 1240: 216-228.

Kim, J., Li, Y. y Watkins, B. A., «Endocannabinoid signaling and energy metabolism: a target for dietary intervention», *Nutrition*, junio de 2011; 27(6): 624-632.

Kuliukas, A., «Wading for food the driving force of the evolution of bipedalism?», *Journal of Nutrition, Health & Aging*, 2002; 16 (4): 267-289.

Lee, B. J. y Bak, Y. T., «Irritable bowel syndrome, gut microbiota and probiotics», *Neurogastroenterology and Motility*, julio de 2011; 17(3): 252-266.

Lemon, P. W., «Beyond the zone: protein needs of active individuals», *Journal of the American College of Nutrition*, octubre de 2000; 19 (5 supl): 513S-521S.

Leonard, W. R. y Robertson, M. L., «Comparative primate energetics and hominid evolution», *American Journal of Physical Anthropology*, febrero de 1997; 102(2): 265-281.

Leonard, W. R. y Robertson, M. L., «Evolutionary perspectives on human nutrition: The influence of brain and body size on diet and metabolism», *American Journal of Human Biology*, 1994; 6: 77-88.

Lindeberg, S., «Stroke in Papua New Guinea», *Lancet Neurology*, mayo de 2003; 2(5): 273.

Lochner, N. *et al.*, «Wheat germ agglutinin binds to the epidermal growth factor receptor of artificial Caco-2 membranes as detected by silver nanoparticle enhanced fluorescence», *Pharmaceutical Research*, mayo de 2003; 20(5): 833-839.

Lombardo, Y. B., Hein, G. y Chicco, A., «Metabolic syndrome: effects of N-3 PUFAs on a model of dyslipidemia, insulin resistance and adiposity», *Lipids*, mayo de 2007; 42(5): 427-437.

Martí, A. y Ordovas, J., «Epigenetics lights up the obesity field», *Obesity Facts*, 2011; 4(3): 187-190.

Martín, M., Bone, J., Martorell, A. *et al.*, «Adverse reactions to cow's milk proteins», *Allergologia et Immunopathologia*, 26, 1998, 171-197.

Mattson, M. P., Son, T. G. y Camandola, S., «Viewpoint: mechanisms of action and therapeutic potential of neurohormetic phytochemicals», *Dose-response* (publicación de la International Hormesis Society), 6 de agosto de 2007; 5(3): 174-186.

Maury, E. y Brichard, S. M., «Adipokine dysregulation, adipose tissue inflammation and metabolic syndrome», *Molecular and Cellular Endocrinology*, 15 de enero de 2010; 314(1): 1-16.

McAfee, A. J., McSorley, E. M., Cuskelly, G. J., Moss, B. W., Wallace, J. M., Bonham, M. P. y Fearon, A. M., «Red meat consumption: an overview of the risks and benefits», *Meat Science*, enero de 2010; 84(1): 1-13.

McNamara, R. K. y Carlson, S. E., «Role of omega-3 fatty acids in brain development and function: potential implications for the pathogenesis and prevention of psychopathology», *Prostaglandins, leukotrienes and Essential Fatty Acids*, octubre-noviembre de 2006; 75(4-5): 329-349.

Mills, S., Stanton, C., Fitzgerald, G. F. y Ross, R. P., «Enhancing the stress responses of probiotics for a lifestyle from gut to product and back again», *Microbial Cell Factories*, 30 de agosto de 2011; 10 supl 1: S19.

Milton, K. (1987), «Primate diets and gut morphology: implications for hominid evolution.» En: *Food and Evolution: Toward a Theory of Food Habits*, Harris, M. y Ross, E.B. eds., Temple University Press, Filadelfia, 93-115.

Muskiet, F. A., Van Goor, S. A., Kuipers, R. S., Velzing-Aarts F. V., Smit E. N., Bouwstra H, Dijck-Brouwer D. A., Boersma E. R. y Hadders-Algra, M., «Long-chain polyunsaturated fatty acids in maternal and infant nutrition», *Prostaglandins, leukotrienes and Essential Fatty Acids*, septiembre de 2006; 75(3): 135-144.

Nakamura, M. T., Cheon, Y., Li, Y. y Nara, T. Y., «Mechanisms of regulation of gene expression by fatty acids», *Lipids*, noviembre de 2004; 39(11): 1077-1083.

Nettleton, J. A. y Katz, R., «N-3 long-chain polyunsaturated fatty acids in type 2 diabetes: a review», *Journal of the American Dietetic Association*, marzo de 2005; 105(3): 428-440.

Neurauter, G., Schröcksnadel, K., Scholl-Bürgi, S., Sperner-Unterweger, B., Schubert, C., Ledochowski, M. y Fuchs, D., «Chronic immune stimulation correlates with reduced phenylalanine turnover», *Current Drug Metabolism*, septiembre de 2008; 9(7): 622-627.

Olds, M. E. y Fobes, J. L., «The central basis of motivation: intracranial self-stimulation studies», *Annual Review of Psychology*, 1981; 32: 523-574.

Oliver, E., McGillicuddy, F., Phillips, C., Toomey, S. y Roche, H. M., «The role of inflammation and macrophage accumulation in the development of obesity-induced type 2 diabetes mellitus and the possible therapeutic effects of long-chain N-3 PUFA», *The Proceedings of the Nutrition Society*, mayo de 2010; 69(2): 232-243.

Ordovas, J. M. y Corella, D., «Metabolic syndrome pathophysiology: the role of adipose tissue», *Kidney International Supplement*, diciembre de 2008; (111): S10-S14.

Ordovas, J. M. y Tai, E. S., «Why study gene-environment interactions?», *Current Opinion in Lipidology* , abril de 2008; 19(2): 158-167.

Oski Frank, A., *Don't drink your milk!*, Mollica Press Ltd, Syracuse, Nueva York, 1983, y Teach Services Inc., 1996.

Ouchi, N., Parker, J. L., Lugus, J. J. y Walsh, K., «Adipokines in inflammation and metabolic disease». *Nature Reviews Immunology*, febrero de 2011; 11(2): 85-97.

Pobiner *et al.*, «New evidence for hominin carcass processing strategies at 1.5 Ma, Koobi Fora, Kenya», *Journal of Human Evolution*, julio de 2008; 55(1): 103-130.

Raison, Capuron y Miller, «Cytokines sing the blues», *Trends in Immunology*, 2006; 27: 24-31.

Remer, T. y Manz, F., «Potential renal acid load of foods and its influence on urine pH», *Journal of the American Dietetic Association*, 1995; 95: 791-797.

Richards, M. P. *et al.*, «Gough's Cave Human stable Isotope values indicate a high animal protein diet», *Journal of Archaeological Science*, 2000; 27: 1-3.

Richards, M. P. *et al.*, «Neanderthal diet at Vindija and Neanderthal predation: The Evidence from staple isotopes», The Proceedings of the National Academy of Sciences, E.U.A., 2000; 97: 7663-7666.

Roberts, C. K. y Liu, S., «Effects of glycemic load on metabolic health and type 2 diabetes mellitus», *Journal of Diabetes Science and Technology*, 1 de julio de 2009; 3(4): 697-704.

Rodriguez, N. R., Vislocky, L. M. y Gaine, P. C., «Dietary protein, endurance exercise, and human skeletal-muscle protein turnover», *Clinical Nutrition and Metabolic Care*, enero de 2007; 10(1): 40-45.

Ruff, C. B., «Body mass prediction from skeletal frame size in elite athletes», *American Journal of Physical Anthropology*, 2000; 113, 507–517.

Ruff, C. B., «Body size, body shape, and long bone strength inmodern humans», *Journal of Human Evolution*, 2000; 38, 269–290.

Sanders, T. A., «DHA status of vegetarians», *Prostaglandins, leukotrienes and Essential Fatty Acids*, agosto-septiembre de 2009; 81(2-3): 137-141.

Sclafani, A., Touzani, K. y Bodnar, R. J., «Dopamine and learned food preferences», *Physiology & Behavior*, julio de 2011; 104(1): 64-68.

Simen *et al.*, « TNFα signaling in depression and anxiety: Behavioral consequences of individual receptor targeting», *Biological Psychiatry*, 2006; 59: 775-785.

Tanumihardjo, S. A., «Vitamin A: biomarkers of nutrition for development», *The American Journal of Clinical Nutrition*, agosto de 2011; 94(2): 658S-665S.

Thompson, A. K., Minihane, A. M., Williams, C. M.,

«Trans fatty acids, insulin resistance and diabetes», *European Journal of Clinical Nutrition*, mayo de 2011; 65(5): 553-564.

Tiniakos, D. G., Vos, M. B. y Brunt, E. M., «Nonalcoholic fatty liver disease: pathology and patogénesis», *Annual Review of Pathology*, 2010; 5: 145-171.

Tooby, J. y Cosimides, L., «The past explains the present. Emotional adaptations and the structure of ancestral environments», *Ethology and Sociobiology*, 1990; 11, 375-424.

Tyring, S., Gottlieb, A., Papp, K., Gordon, K., Leonardi, C., Wang, A., Lalla, D., Woolley, M., Jahreis, A., Zitnik, R., Cella, D. y Krishnan, R., «Etanercept and clinical outcomes, fatigue, and depression in psoriasis: double-blind placebo-controlled randomised phase III trial», *Lancet*, 7 de enero de 2006; 367(9504): 29-35.

Veith, W. B. y Silverberg, N. B., «The association of acne vulgaris with diet», *Cutis*, agosto de 2011; 88(2): 84-91.

Vekic, J., Jelic-Ivanovic, Z., Spasojevic-Kalimanovska, V., Memon, L., Zeljkovic, A., Bogavac-Stanojevic, N. y Spasic, S., «High serum uric acid and low-grade inflammation are associated with smaller LDL and HDL particles», *Atherosclerosis*, marzo de 2009; 203(1): 236-242.

Venter, C., «Cow's milk protein allergy and other food hypersensitivities in infants», *The Journal of Family Health Care*, 2009; 19(4): 128-134.

Vieth, R., «Why the optimal requirement for Vitamin D3 is probably much higher than what is officially recommended for adults», *The Journal of Steroid Biochemistry and Molecular Biology*, mayo de 2004; 89-90(1-5): 575-579.

Vigilant, L., Stoneking, M., Harpending, H., Hawkes, K. y Wilson, A. C., «African populations and the evolution of human mitochondrial DNA», *Science*, 27 de septiembre de 1991; 253(5027): 1507.

Vincenzi, S. *et al.*, «Quantitative determination of dietary lectin activities by enzyme-linked immunosorbent assay using specific glycoproteins immobilized on microtiter plates. *The Journal of Agricultural and Food Chemistry*, 23 de octubre de 2002; 50(22): 6266-6270.

Wang, Q., Yu, L. G., Campbell, B. J., Milton, J. D. y Rhodes, J. M., «Identification of intact peanut lectin in peripheral venous blood», *Lancet*, 1998; 352: 1831-1832.

Ward, C. V., «Interpreting the posture and locomotion of Australopithecus afarensis: where do we stand?», *American Journal of Physical Anthropology*, 2002; supl. 35: 185-215.

Wheeler, P. E., «The influence of the loss of functional body hair on the water budgets of early hominids», *Journal of Human Evolution*, 1992; 23: 379-388.

Williams, R. D. y Stehlin, I., *Breast milk or formula: making the right choice for your baby*. FDA, EE.UU.

Wilson, A. C. y Cann, R. L., «The recent African genesis of humans», *Scientific American*, abril de 1992; 266(4): 68-73.

Wobber, V., Hare, B. y Wrangham, R., «Great apes prefer cooked food», *Journal of Human Evolution*, agosto de 2008; 55(2): 340-348.

Wolfe, B. M. *et al*., «Potential role of raising dietary protein for reducing risk of atherosclerosis», *Canadian Journal of Cardiology*, 1995; 11: 127G-131G.

Wrangham, R. y Conklin-Brittain, N., «Cooking as a biological trait», *Comparative Biochemistry and Physiology*, septiembre de 2003; 136(1): 35-46.

Wu, H. Q., Rassoulpour, A. y Schwarcz, R., «Kynurenic acid leads, dopamine follows: a new case of volume transmission in the brain?», *Journal of Neural Transmission*, enero de 2007; 114(1): 33-41.

Wu, M., Wang, X., Duan, Q. y Lu, T., «Arachidonic acid can significantly prevent early insulin resistance induced by a high-fat diet», *Annals of Nutrition and Metabolism*, julio de 2007; 51(3): 270-276.

Zhai, H., Li ,Y., Wang, X. y Lu, L., «Drug-induced alterations in the extracellular signal-regulated kinase (ERK) signalling pathway: implications for reinforcement and reinstatement», *Cellular and Molecular Neurobiology*, febrero de 2008; 28(2): 157-172.